POESIA
POIS É
POESIA

CB000580

POESIA
POIS É
POESIA

décio pignatari

COMPANHIA DAS LETRAS

Copyright © 2025 by herdeiros de Décio Pignatari

"No Word", de *Gasoline*, por Gregory Corso,
foi publicado originalmente em inglês por City Lights Books © 1958

Grafia atualizada segundo o Acordo Ortográfico da Língua Portuguesa de 1990,
que entrou em vigor no Brasil em 2009.

Capa: *Augusto de Campos*
Foto da capa: *Augusto de Campos, 1952*
Fotocolagem da quarta capa: *Décio Pignatari, Opus nº 1, s. d.*

Projeto gráfico e notas adicionais: *André Vallias*

Supervisão editorial: *André Vallias e Augusto de Campos*

Preparação do prefácio: *Allanis Ferreira*

Revisão: *Angela das Neves e Marina Saraiva*

Composição e tratamento de imagem: *Américo Freiria*

Dados Internacionais de Catalogação na Publicação (CIP)
(Câmara Brasileira do Livro, SP, Brasil)

    Pignatari, Décio, 1927-2012.
       Poesia pois é poesia / Décio Pignatari. — 1ª ed. —
São Paulo : Companhia das Letras, 2025.

      ISBN 978-85-359-3723-7

      1. Poesia brasileira I. Título.

24-206353   CDD-B869.1

Índice para catálogo sistemático:

1. Poesia : Literatura brasileira   B869.1

Cibele Maria Dias — Bibliotecária — CRB-8/9427

Todos os direitos desta edição reservados à
EDITORA SCHWARCZ S.A.
Rua Bandeira Paulista, 702, cj. 32
04532-002 — São Paulo — SP
Telefone: (11) 3707-3500
www.companhiadasletras.com.br
www.blogdacompanhia.com.br
facebook.com/companhiadasletras
instagram.com/companhiadasletras
x.com/cialetras

sumário

DÉCIO PIGNATARI

POESIA
POIS É
POESIA

[dedicatória manuscrita]

"pra você, augusto, que fez sair este livro, num pique que me tirou de um a-pique, com aquele abraço de amizade trintenária! do décio pignatari SP 22-04-77
... e agora falta o seu!"

prefácio

Décio Pignatari, o "designer" da poesia

Augusto de Campos

Fernando Pessoa escreveu em *Erostratus — Ensaio sobre a fama póstuma de obras literárias*: "Quanto mais nobre o gênio menos nobre o destino. Um gênio pequeno encontra a fama, um grande gênio encontra o descrédito, um gênio ainda maior encontra o desespero, um deus é crucificado". Décio, mais do que outros de sua geração, encontrou menos fama do que descrédito — apreciado em círculos restritos, como são hoje os poetas, mas quase sempre desfavorecido em relação aos "Campos brothers", quando não todos nós anonimizados pelo autoepíteto Noigandres.

Em boa hora nos chega, portanto, esta reedição quase cinquentenária de *Poesia pois é poesia*, que passou por uma edição ampliada, com *Poetc.*, em 1986, até chegar à última e mais completa, que saiu em 2004 e se encontra fora de circulação há um bom tempo. A primeira impressão ocorreu em 1977, depois que, procurado por um editor que pretendia reestampar a nossa *Teoria da poesia concreta* — impresso a princípio às nossas custas e às de amigos sob o título fictício "Edições Invenção" —, dei o ultimato: "Sim, se garantida a publicação da obra poética do Décio Pignatari". O trato foi cumprido.

A *Teoria* reapareceu, assim, em 1975 e, dois anos depois, *Poesia pois é poesia*. Décio tinha cinquenta anos. "Com este livro interrompo/emos uma tradição samizdat [clandestina] de um quarto de século", escreveu numa "desorelha", sem elogios. Até então a sua poesia, salvo o livro de estreia, *O carrossel*, lançado pelo Clube de Poesia de São Paulo, só havia sido publicada parcialmente em revistas ou revistas-livros, como *Noigandres*, *Invenção* e *Código*.

Eu via em Décio um enorme poeta-inventor, demasiado inventor para o nosso nível poético. Não apenas um "poemaster", mas um "poematrix". Criador de "poematrizes", não só poemas. E continuo a vê-lo assim. Por isso mesmo, chamado a opinar sobre as novas e novíssimas gerações de poetas, respondi: "Cada um que faça a sua mágica, mas os que conhecerem a poesia de Décio Pignatari levarão grande vantagem".

Dos poetas essenciais da minha geração, ele é o menos conhecido. Muito desse desconhecimento vai por conta de sua personalidade polêmica e temperamento crítico, exigente e cáustico. Já me referi a Décio como "o nosso Oswald magro". Não era fácil conseguir dele um elogio. Com ou sem razão (o mais das vezes com), tinha um olho de raio X para qualquer poema que lhe caía à vista. E, com a mesma desfaçatez de Oswald, feria sensibilidades, esperando, como este, ser perdoado, certo de que sua crítica bate-pronto faria mais bem do que mal à poesia do seu interlocutor. "Na geleia geral brasileira alguém tem de exercer as funções de medula e osso." "Tó pra vocês, chupins desmemoriados." Mas também, como Oswald, ele sabia pedir perdão.

Já longevo, tomado pela desmemória do Alzheimer, me segredou, mais de uma vez: "Augusto, a poesia acabou". Eu entendi. Ele via a poesia como um eterno beco sem saída que era preciso enfrentar e, por alguma fresta ou desvio, redescobrir, talvez, em uma nova via para a viagem ao desconhecido. "*Rien ou presque un art*", como reflete Stéphane Mallarmé, em *Um lance de dados*. Nada ou quase uma arte.

Ou quem sabe ele desacreditasse da sobrevivência da poesia ante a degradação repertorial dos níveis da comunicação de massa. No surpreendente poema "Interessere" — "Na vida interessa o que não é vida/ Na morte interessa o que não é morte" —, da década de 1980, entre outros descartes, o poeta apregoou: "No concretismo interessa o que não é concretismo".

Hão de entendê-lo os que souberem ler a sua poética radical e às vezes extraordinariamente difícil. Poesia-arte. Desde e dentre muitos, o seu "O lobisomem", que amadureceu a minha poesia incipiente e juvenil. "O jogral e a prostituta negra" — de 1949!!! —, com seus cortes abruptos e tmeses: "tua al(gema negra)cova". O poema para a então namorada, "Dizer suave ao tempo, Lila", que termina à meia-frase, sem reticências: "são muito tarde os seios com que agora". O enigmático "Noção de Pátria", com a epígrafe dos últimos versos: "Apenas o amor e, em sua ausência, o amor,/ decreta, superposto em ostras de coragem,/ o exílio do exílio à margem da margem".

Dos concretos-limite, na aparente facilidade das grandes sínteses sígnicas — os hoje clássicos "um movimento", "terra", "beba coca cola", "LIFE" e o livro-poema *Organismo* —, aos intricados concretoparticipantes, como "Stèle pour vivre nº 3", na sequela e sequência de outras "estelas" de complexa leitura e prosódia. Da precursora apropriação da nota de dólar em "Cr$isto é a solução", poematriz de vários artistas, passando pelos poemas semióticos — também engajados em escárnio à pátria e à família (com televisão) —, para chegar aos do *Poetc.*, com toda uma gama de experimentos poéticos interdisciplinares: da tresleitura guerrilheira de *Um lance de dados* com "Mallarmé vietcong" ao holograma "Espaztempo/Speacetime", na exposição *Triluz*, reproduzido em foto neste livro, e ao emblemático "Femme", levado ao computador e ao vídeo nos anos 1990.

Tudo isso com o adendo de algumas de suas mais atrevidas e criativas traduções-arte e sem contar os "prosoemas", como "Noosfera", que Décio preferiu incluir em outro livro, de contos que não contam, *O rosto da memória*, na re-evolução inventiva que o levaria para o caminho da quase prosa e do romance experimental em *Panteros*.

Multiescritor e multiartista, desacolhido pela academia, Décio adentrou o mundo da docência universitária por via da semiótica e da arquitetura, e isso por si só aponta para a multiplicidade do seu pensamento. Polígrafo, não há assunto que não tenha abrangido a sua inteligência, da cibernética ao futebol-arte.

Mas tenho que me limitar à sua poesia inovadora, inquieta e inquietante, que rompe com todos os parâmetros artísticos. "O poeta é um designer da linguagem", definiu ele. Tudo está dito.

Agradecimentos a

Elliot Aboutboul
Dante Pignatari
Adelaide Pontes
Omar Khouri
Walter Silveira
Chico Homem de Melo
Daniel Shapiro

POESIA
POIS É
POESIA
1950-1975

POESIA
POIS É

O carrossel
1950

— *Ride the pink horse.*

Do filme de mesmo nome — em português, **Do lodo brotou uma flor** (1947)

Sem cavalo preto
Que fuja a galope
Carlos Drummond de Andrade

— Lembro-me de muita coisa — disse Juan. — Na praça da minha cidade havia escribas que faziam todo o serviço para a gente que não sabia ler nem escrever. Eram bons homens. Tinham que ser. A gente do campo o saberia caso eles não fossem. Sabe muita coisa essa gente das colinas. E me lembro de que, numa manhã, quando eu era criança, estava sentado num banco. Havia uma festa na cidade em louvor a um santo. A igreja estava cheia de flores. Havia barracas de doces, uma roda-gigante e um pequeno carrossel. Durante toda a noite soltaram rojões em honra do santo. Um índio chegou a um escriba no jardim e disse: "Quero que o senhor escreva uma carta para o meu patrão. Eu lhe direi o que deve escrever e o senhor o porá numa forma agradável e bonita, de modo que ele não fique me considerando descortês". "É uma carta comprida?", o homem quis saber. "Não sei", respondeu o índio. "Então vai custar um peso", disse o homem. O indiozinho pagou e principiou: "Quero que o senhor diga ao meu patrão que não posso voltar para a minha cidade e meus campos, porque vi grande beleza e devo ficar aqui. Diga que sinto muito e não poderia voltar. Estou diferente e meus amigos não me reconheceriam. No campo eu me sentiria infeliz e sem sossego. E, sendo diferente, seria desprezado pelos meus amigos. Vi as estrelas. Diga-lhe isto. Diga-lhe que dê a cadeira para meu irmão amigo e o porco e os dois porquinhos para a velha que me cuidou, quando tive febre. Meus potes para o meu cunhado e diga ao meu patrão que fique em paz e com Deus. Diga-lhe isto".

Juan fez uma pausa. Viu que os lábios de Mildred estavam um pouco abertos e percebeu que ela estava encarando a história como uma alegoria que lhe dissesse respeito.

— Que acontecera com ele? — indagou ela.
— Ele vira o carrossel.

John Steinbeck,
O destino viaja de ônibus

O carrossel

Entre escolher
Montanha-russa
Roda-gigante
Ou trem-fantasma,
Eu escolhi
Meu carrossel.
Paguei com vida
— Engenho e arte —
Pelo meu árdego corcel.

Dentes de ferro
Mastigam RR
De inércia e prata.

Move-se o mundo.

Dentes caindo
Na estranha valsa
Levando o moço
No seu corcel.

Gira-girando
Gira-girando
Gira-girando
Meu carrossel.

Vento terrível
(De onde vira?)
Rouba-me o elmo
Deixa-me calvo
Dentro do abismo,
E no meu peito
Crescem pulmões
Que não têm boca
Não têm narinas
Pra respirar.
Ai, nos meus olhos
Cheios de vento
Há medos negros
Como os da morte!

Mas eu confio
No meu corcel,
Sir Lancelote
Do Santo Graal!

Gira-girando
Gira-girando
Gira-girando
Meu carrossel!

E mil cilindros
De realejo
Soltam miríades
De bolhas d'água
Cheias de música!
Iriados cones
Espiralados
Giram graciosos
E me acompanham
No meu contente
Cheio de mundos,
No meu galope
Cheio de dunas.

Gira-girando
Gira-girando
Gira-girando
Meu carrossel!

No parafuso
De brilho e ouro
(Estranha lança
Furando o dorso
Do meu ginete
Que nunca morre,
Pois Dor e Canto
São imortais),
Vai meu cavalo
Cavalo preto
Cavalo manso
De olhos de moça
Crinas de esmalte

Cascos de sono,
No seu galope
De areia e água.

Gira-girando
Gira-girando
Gira-girando
Meu carrossel!

Força centrífuga
Nas minhas mãos
Nas minhas pernas

Nos olhos meus!
Aquelas vencem
E estes vencidos
São projetados
Sobre a ass istência:
Vejo cinema
Na minha frente:
Torpes figuras
De Frankensteins,
Olhos de pus,
Bocas feridas
De golpes brancos
Dedos de lepra
Longas orelhas
Cheias de sombra
Em labirintos
Mais que medonhos
— Tudo aberrando
Tudo fugindo
E se alongando
Se decompondo
Se desfazendo
Em massa informe
De angústia e sombra
(Somente os olhos
Somente os olhos
Somente os olhos
Ficam boiando!)
E se enrolando

Nos olhos meus
— Bobina mórbida
A enrolar filmes
De muito horror:
— Mortos que matam!
— Vivos que matam!
— Vivos que vivem!
Meu Deus, que mundo
Mais lazarento!

("Dorme, filhinho,
Que no meu colo
Tem sombras boas,
Pede desculpas
Que Ele perdoa").

Gira-girando
Gira-girando
Gira-girando
Meu carrossel.

Olhos abertos:
Na minha frente
E atrás de mim
São cavaleiros
Silenciosos,
São os Cruzados
Da Guerra Santa.
Saltam barreiras
Imaginárias
E intermitentes
Em voos curvos
— Salto com vara
De brilho e ouro.
Eu sou Ricardo,
The Lion Heart,
Ódio nos olhos
Por Saladino
E amor no peito
Por Berengária
(Onde estará?).

Gira-girando
Gira-girando
Gira-girando
Meu carrossel.

Ei-la surgindo,
Berço de luz
Para os meus olhos
Sem guerra ou paz!
Vem irritante
Na liquidez
Dos olhos glaucos,
Ladrões de oásis,
Peixes de luz
Nadando em lágrimas
De longes lagos
Por mim filtradas!
Delíquios líquidos
Pedindo amparo
De realidade
Às outras partes
Do rosto e corpo
— Outros recortes
De luz irreal!
Falso real
Sem ser miragem,
Miragem falsa
Sem as mentiras
Da realidade!
É um escândalo
De luz e água
Dentro das sombras
Dentro da areia!

Mas passo além,
Ódio no peito
Por Saladino
E amor nos olhos
Por Berengária
(Onde estará?).

Gira-girando
Gira-girando
Gira-girando
Meu carrossel.

Agora os monstros
Com sua chantagem
(O Tempo e a Lepra
São dois escroques
Que no insensível
Se amancebaram):
— Quero tua carne.
(Gira-girando!)
— Quero tua alma.
(Carrossel, gira!)
— Tuas mãos. (Gira!)
— A esmola. (Gira!)
— A boca. (Gira,
gira!) — Tua prece.
(Ai, gira, gira!)
— Teu sexo. (Gira,
gira-girando,
girando-gira!)
— Tua confissão.
(Gira-girando,
Carrossel, gira!)
— Quero tua carne,
— Quero tua
                Pum!
Bumba uma bomba
Bem lá no alto da
Misericórdia!

Caem estrelas
E bolhas d'água
Cheias de música
Sobre a vontade
De eu dar risada!
E eu dou risada,
Ai, como eu rio
Soltando bolhas
De vogais puras

Com meu canudo
Feito de hh:

Ha! Ha! Ha! Ha!
He! He! He! He!
Hi! Hi! Hi! Hi!
Ho! Ho! Ho! Ho!
Hu! Hu! Hu! Hu!
. . . .

Além do ser
Pra cá do não sei,
Fica a exaustão
Com o não sei
Se são, mas salvo.

Bem lentamente
(Tudo é silêncio
E escuridão)

Gira-girando
Gira-girando
Gira-girando
Meu carrossel.

Pálpebras moles
De sono e álcool,
— Beijo nos olhos
De adormecer.
Cavalo manso
Olhos de moça
No seu galope
De areia e água.
Chorar? Não chores
Que o teu cavalo
Te vai levando
Para outros mundos
— Ente vazio
Vazio de ossos
Vazio de nervos
Vazio de músculos
E pensamentos,

Vazio de risos
Vazio de prantos
— Deixá-lo andar.
Sobre tuas lágrimas
E teu silêncio
Os olhos fecha.
Chorar? Chorar.

Gira-girando
Gira-girando
Gira-girando
Meu carrossel.

Olhos abertos,
Cruzei fronteiras
Não demarcadas
— Reino da Fuga.
Fluido estrelado,
Rota da lua,
Vejo São Jorge
De lança em riste.
Desdenho a luta
Vim a passeio
Ver outros mundos
Longes — nem sei —
Milhões, milhares
De anos-luz;
Causar abortos
Não consentidos
Nos ventres claros
Das nebulosas
Com pretensões
À Dor Terrestre;
Herói singelo
Calando mundos
Em gestação
Para que os bardos
Com suas orelhas
Ouçam estrelas
Do Ex-Silêncio.

Gira-girando
Gira-girando
Gira-girando
Meu carrossel.

Ver outros mundos
Lá onde agora
Estão chegando
Imagens virgens
Da Cleópatra
Com suas coxas
No seu coxim,
Seu Júlio César
Seu Marco Antônio
E seus incestos
E sua áspide
Matando a esfíngica
Insatisfação:
Ver uma cruz
Com outras duas
Lançando sombras
Circunterrestres
— Remendos novos
No mundo velho;
Ver meu Francisco
Fazendo humor
Com o Lobo Mau
("Flash" raríssimo):
"— Meu Lobo Irmão
Tu és demais
Nesta cidade.
Raspa teu pelo
Cobre tuas unhas
Com luvas brancas,
Põe-te em dois pés
Veste um arminho:
— Amigo Homem,
Sê mui bem-vindo
A esta cidade".

Gira-girando
Gira-girando
Gira-girando
Meu carrossel.

Passa um cometa
E indica um rumo:
Cavalo preto
Não é mais preto
É cor-de-rosa
E aspira o ar;
Por entre os dentes
Brotam-me rosas
E magnólias
E aspiro o ar
— A Infância é lá!
Cascos despertos
No rio coalhado
De estrelas virgens
Acordam brilhos
De vidro e prata.
Na arremetida
Aponto a lança
Contra galáxias
E nebulosas
Que se desgrenham
Espavoridas
De abortos rudes
— A Infância é lá!

Boia na aurora
Da antemanhã.

Sol nascituro
Tinge-a de rosa
Que vai ser sangue
Mas me antecipo:
— Bom dia, Estrela!

Sacudo ferros
E arreios tristes
Lança e futuro
Longe de mim.

Nu como as coisas
Analfabetas
Montoado em pelo
De rosas rosas,
Mascando trevos
E magnólias
Cavalgo em "travelling"
Com minha Infância!

(Furando o inútil
Lá vai a lança
Que chega à Terra
Como o esqueleto
De algum cometa
Desmemoriado
De sua mensagem
— Sem som algum).

— Bom dia, Estrela!

Gira-girando
Gira-girando
Gira-girando
Meu carrossel!

Fotografia
Que foi espelho,
Todo de branco
Broto das meias
E dos sapatos
Sujos de barro
Igual a um lírio.
As mãos e o rosto
Têm sombras suaves
Que se procuram:

— Pássaros mortos
Nuvens sem luz,
Matei-os trinta
E foram crimes
Sentimentais.
Nos olhos, mundos

Surpreendidos
Levitam tímidos
Ante a tristeza
Do criador:
Lábios cerrados
O riso em férias,
Por um segundo
E eternamente
Fiquei mais velho:
Dedos cruzados
E mal cruzados
Se aprisionando:
São mãos andejas
Desbastam mundos
Que são criados
E recriados
De hora em hora:
No braço esquerdo
Fita de seda
Brilha no branco
E eis o milagre:
"Meu Deus, Eu Sou
O Inimputável".

Gira-girando
Gira-girando
Gira-girando
Meu carrossel.

Rosto de Stela
De tranças negras
Como o vestido
— Chorei por ela.
Mansuetude
Dos gestos mornos
E maternais
— Bom dia, Stela!

Por tabuleiros
De grama e água
Corro descalço
E asas supérfluas

Desajeitadas
Vão-me no encalço!
Evito as poças
Cheias de nuvens
(Meu Deus, que medo de
Cair no céu!)
E lá me vou
Para onde fui
Abrindo portas
De vidro e vento
Rumo ao presépio
Da minha estrela!

— Bom dia, Moço do
Cavalo Rosa,
Muito bons dias
Meu menestrel!

Gira-girando
Gira-girando
Gira-girando
Meu carrossel!

O lobisomem

O amor é para mim um Iroquês
De cor amarela e feroz catadura
Que vem sempre a galope, montado
Numa égua chamada Tristeza.
Ai, Tristeza tem cascos de ferro
E as esporas de estranho metal
Cor de vinho, de sangue e de morte,
Um metal parecido com ciúme.

(O Iroquês sabe há muito o caminho e o lugar
Onde estou à mercê:
É uma estrada asfaltada, tão solitária quanto escura,
Passando por entre uns arvoredos colossais
Que abrem lá em cima suas enormes bocas de silêncio e solidão).

Outro dia eu senti um ladrido
De concreto batendo nos cascos:
Era o meu Iroquês que chegava
No seu gesto de anti-Quixote.
Vinha grande, vestido de nada,
Me empolgou corações e cabelos
Estreitou as artérias nas mãos
E arrancou minha pele sem sangue
E partiu encoberto com ela
Atirando-me os poros na cara.
E eu parti travestido de Dor,
Dor roubada da placa da rua
Ululando que o vento parasse
De açoitar minha pele de nervos.
Veio o frio com olhos de brasa
Jogou olhos em todo o meu corpo;
Encontrei uma moça na rua,
Implorei que me desse sua pele
E ela disse, chorando de mágoa,
Que era mãe, tinha seios repletos
E a filhinha não gosta de nervos;
Encontrei um mendigo na rua
Moribundo de fome e de frio:
"Dá-me a pele, mendigo inocente,
Antes que Ela te venha buscar".

Respondeu carregado por Ela:
"Me devolves no Juízo Final?",
Encontrei um cachorro na rua:
"Ó cachorro, me cedes tua pele?"
E ele, ingênuo, deixando a cadela
Arrancou a epiderme com sangue
Toda quente de pelos malhados
E se foi para os campos de lua
Desvestido da própria nudez
Implorando a epiderme da lua.
Fui então fantasiado a travesti
Arrojado na escala do mundo
E não houve lugar para mim.

Não sou cão, não sou gente — sou Eu.

Iroquês, Iroquês, que fizeste?

Poema

Tosco dizer de coisas fluidas,
Gume de rocha rasga o vento:
Semanas tantas de existir
E de viver — um só momento.

Prisma empanado da retina
Que acalanta mundos sem prumo,
A luz que o fere perde o rumo,
Aclara a linfa submarina:

Prédios mergulham ramos de cimento,
Neons fazem dos olhos coágulos de seixos,
E esquinas lanham flancos desse rio sem peixes
De que sou fonte e náufrago no intento.

Noviciado

He was born one day in the county of Clay
And he came from a solitary race.
"Jesse James" — Anônimo

Inflama o teu barril de breu à guisa de farol
E envolve os joelhos nos braços
Para que a alma não te fuja pelas rótulas.
Depois, inveja o caracol por imitá-lo
E vai involuindo em espiral
— Para que as coisas antiamenas se confundam no caminho
E atinge o centro de ti mesmo.
Aí, planta tuas orelhas ou duas rosas
E fica à escuta dos pacíficos e atlânticos
Como outrora, na infância, como outrora.
Teu vagalume há de salvar algum paquete sem que o saibas;
Muitos, porém, virão quebrar as harmonias de tuas praias:
Aos cadáveres acode e no chão mais silencioso — enterra-os,
Conforme o calado de seus barcos
Mais sete palmos,
Porque dez anos passarão até que os ossos
Tenham sorvido honestamente a tua raiz de oleiros,
Vaso de silêncio.
Então,
Desarraiga esses crânios pejados de mistério,
Essas tíbias estranhamente ensimesmadas
E compõe tua adega de safras silenciosas:
Dia a dia, muitos anos,
Beberás em cálices mudos
Mudamente rituais,
Esse antídoto-elixir da inconfidência.
Quando entenderes, afinal,
As carneiras, sem memória nem vasos
Sem despeito nem azáleas,
Volta ao convívio do teu burgo
— Negro pássaro de vácuo rodeado de gralhas.
À margem das mulheres que se despetalam
Recebe a única de pés furtivamente em flor
Acende a tua plumagem mais cerúlea
E empreende a fuga sem contorno de pássaro exilado!

Périplo de agosto a água e sal

I
No tombadilho de loucos, onde
Os galos de rinha derreados diluem esporas na cerveja
Escuto os gorgolejos e lhes conto as penas
Que ao depois refluem nos meus cabelos
Contra um remoto entredentes
E em prol de um pícaro: "Situa, Elisa, a minha solitude
Surta do lêvedo dos olhos verdes, verde cálice afogado
No vaso tonto do meu sono".
Esse topázio amargo e morto que se liquefez e que ora bebo
Persegue no meu copo indícios vagos dos teus olhos,
Talvez por congelar-me as unhas
Talvez por se esbater contra um canteiro de trevos em delírio.

II
Abandonas enfim o mercador beduíno
Corruptor de esfinges minhas (traficava com teus alhos)
E enfim dançamos.
Tua mão esquerda acolhe o meu pescoço e exibe
O áspero fruto capital.
(Ah, tua mão esquerda que te prestigia tanto nesta noite,
Me prestidigita,
E entorna sobre mim
Subtilezas de céu consciente de ser céu e breve.)
Nem me concedes ensaiar-te as mãos
— Sonho de nébulas românticas,
Sabendo embora acomodar-me ao teu feitio primevo —
A um ritmo de cerejeiras palestinas,
E eis-me de novo só,
Meus braços como rédeas moles sobre um campo oblongo de
vidros e de cornos
A entressorrir as tecelãs hindus
Que tresmalharam fios de um mágico tapete.

III
Meca de califas decadentes,
Porque votei-te os olhos a um pérfido ostracismo além das rosas,
O rocio exilado entressonha
Um ocaso de arco-íris do meu copo ao teu olhar.
Sem embargo,

Cuido de eximir-me aos teus ludíbrios, Sarracena,
E em pouco estou sem pé nem vau num antro de papoulas.
"Ó piloto desesperado",
Facilita a dormência dos teus bálsamos
Para que eu cesse de invejar Ramsés II
Que fermentou por 3000 anos numa estufa de marfim
— No sangue fruindo trêmulas rosas e ofélias afogadas
E haurindo adubos de silêncio ancestrais —
E pôde, enfim, desidratado,
Franquear a franca flor de seu sorriso irônico e arenoso
De letárgico enfado!

IV
Já tenho derrotado os álcoois, me iniciei no contramor
Isento de esperança e pródigo de náuseas:
Mordo os cunhos dos meus dracmas no meu vaso de Médoc:
Meu despojo sonoro, Sarracena, é o que me resta e salva.

V
O advento de um boa-noite, nesta noite
Tem raízes de nervos derrotados num pântano sem margens
Onde a árvore de gelo suga o lodo do último cansaço.
Nervuras sinistras latejam sobre os eucaliptus,
Mênstruo da derradeira lua, poluição dos meus linhos.

O Pássaro Bilíngue jaz na palma da alvorada
Entre o mudo e o morto.

Aurora e dealbar, mãe e fonte de regaços,
Acolhe e despe e purifica no teu colo
O ingênuo caçula de um complô de rosas:
"Ton cadet s'est blessé au visage.

Demain, demain je serai sage".

Rosa d'amigos

A Haroldo
A Augusto
A mim

I
Esta é a rosa d'amigos (dirás: mesa redonda)
E o outro: é o Teatro Chinês
Com sua placa de argila
Onde a efígie se grava
Entre sonhos perenes
(Confiamos)
De rosas imortais.
Porém, se com a fuga dos semblantes
Transmigrem juntamente as rosas,
Que cinzas de louros... que ríctus azedo
Os nervos de vidro
Excita ou comove
Ao despeito?

II
Esta é a rosa d'amigos (direi):
Aplaca sobre a mesa os cotovelos:
O que vai de pálpebra a pálpebra
E da pálpebra à janela
Não vai da hiena ao abutre
Nem de ambos à alvorada.
Conciliemos:
O irmão ferido está de rosas rubras
E alterna sobre o linho
Marés de lupanares e santuários.
Irmão, a sangria das rosas lhes acalma a febre
E ao nosso linho reconduz os lírios.

III
Esta é a rosa d'amigos (dirás: mesa redonda)
Conciliemos ao crepúsculo:
Este vidro tem algo que não é dos vidros.

Irmão, a areia denuncia pés de sombra.
Eis que transfiguram nossa porta e batem
Batem menos à porta do que à dúvida.

Propomos a adivinha ou cumpre-nos jogar
Algum loto secreto que prorrogue
Isto que nos engana de ainda sermos o que fomos?

À porta não se engana.
Conciliemos lanternas e temores:
Se a pressentida funde a noite em rosas rubras
Não se conjuguem as marés fervendo a praia
Mas o terceiro escalará sete pilastras babilônicas
Para invocar os gumes frígidos de prata
Daquela que domina e não tem sangue mas aplaca.
Mas se a noturna tem as pálpebras cerradas
Pelo alcatrão que dez milhões de noites não segregam,

"Ah, que este jogo a dois é bem sinistro
Depois que o amigo esvaziou os bolsos no limiar
Fechando a porta sobre as dádivas mais súbitas!"

IV
Esta é a ronda d'amigos (dirás: rosa).

Jogaremos às espreitas ou às rosas
Ou ainda aos baralhos nigromantes?
Nossos livros têm perdido o glosador mais sábio:
Quem enfrenta estas margens como lâminas recentes?
A noite é uma montanha escura em nosso vidro
Bloqueado contra a insônia.
Acendamos a rosa sobre o linho.
(Branca de Neve em seu esquife de cristal
Aguarda por Narciso — o Príncipe Cantor e seu carme de vida.)

A imagem provoca a face real
E o Príncipe Dilucular com seus clarins de cimitarras d'oiro
Sangra o dorso da noite
Revoga a lei do pântano e promulga a rosa.

V
Atenta, meu irmão,
À cavalgada dos bardos na alvorada
E ao vidro sonoro como espelho de pássaros!
Nos bastidores da janela
Os dedos de quem é maior que a lua, aquém do sol

E sobre o desespero, costura os meus andrajos
E borda em minha pele estes canteiros de ouro:
Canaã, meu irmão, Canaã!
E uvas de luz como orvalho de fábulas do infante
E figos como beijos de Raquel em nosso sangue!
Assiste, ó meu irmão,
À transfiguração da porta:
Ei-lo que vem e despe as nuvens na soleira
E ao nosso coração — vaso da espera —
Conduz a rosa derradeira e a mais formosa.

Esta é a Rosa D'Amigos (dirás: Rosa).
Conciliamos a primeira libação
Na orla do eterno.

VI
(Tudo será tão bárbaro e diverso.

Mas joguemos às rosas, meus irmãos:
Esta é a Rosa D'Amigos (dize: Rosa).

Lenda

Astórus, o polvo, e a rúbida Ardenteia,
Incendiária de cristais às barbas do Senatus,
Celebram suas bodas na Angra de Rapion,
O velho golfo, manso eunuco de ventre em desalinho.

Os gritos vêm à tona em bolhas d'água
E os frios peixes são punhais de picardia.

Nada pôde evitá-lo. Nem as virgens
Crivadas de gritos pela ausência de ópio ardente,
Nem as lúbricas lesmas no umbigo do Conselho:
Ao monstro Astórus, dos sete barcos naufragados,
Sacrificara a dádiva e o escarmento de sua carne.

Na hora do espasmo, entre cordões de espuma,
Rapion sublevou a enorme cauda
Ébrio de vinho e sangue, e rebolando-se
No leito de calcáreo, entremostrou ao céu
A face de Surínis, a loucura.

Sete pálpebras de prata tem a lua descerrado
De cansaço, quando rompendo a flácida epiderme
Das praias viciadas,
Rapion vomita
Na fossa de detritos, por quem somos,
Em concha carcomida, um seio de Ardenteia,
Que hoje é Poesia no país dos Filimomos.

O jogral e a prostituta negra

Farsa trágica

Onde eras a mulher deitada, depois
dos ofícios da penumbra, agora
és um poema:

Cansada cornucópia entre festões de rosas murchas.

É à hora carbôni-
ca e o sol em mormaço
entre sonhando e insone.

A legião dos ofendidos demanda
tuas pernas em M,
silenciosa moenda do crepúsculo.

É a hora do rio, o grosso rio que lento flui,
flui pelas navalhas das persianas,
rio escuro. Espelhos e ataúdes
em mudo desterro navegam:
Miras-te no esquife e morres no espelho.
Morres. Intermorres.
Inter(ataúde e espelho)morres.

Teu lustre em volutas (polvo
barroco sopesando sete
laranjas podres) e teu leito de chumbo
tem as galas do cortejo:

Tudo passa neste rio, menos o rio.

Minérios, flora e cartilagem
acodem com dois moluscos
murchos e cansados,
para que eu te componha, recompondo:

Cansada cornucópia entre festões de rosas murchas.

(Modelo em repouso. Correm-se as mortalhas das
persianas. Guilhotinas de luz lapidam o teu dorso em
rosa: tens um punho decepado e um seio bebendo
na sombra. Inicias o ciclo dos cristais e já cintilas).

Tua al(gema negra)cova assim soletrada em câmara
lenta, levantas a fronte e propalas:
"Há uma estátua afogada..." (Em câmara lenta! — disse)
"Existe uma está-
tua afogada e um poeta feliz(ardo
em louros!) Como os lamento e
como os desconheço!
Choremos por ambos".

Choremos por todos — soluço, e entoandum
litúrgico impropério a duas vozes
compomos um simbólico epicédio A Aquela
que deitada era um poema e o não é mais.

Suspenso o fôlego, inicias o grande ciclo
subterrâneo de retorno
às grandes amizades sem memória
e já apodreces:

Cansada cornucópia entre festões de rosas murchas.

Rumo a Nausicaa
(Noigandres 1)
1952

A morte do infante, 17-18.10.1948

Altar-menor, out 1950

Hidrofobia em Canárias, jul 1951

Eupoema, abr 1951

Bateau pas ivre, mar 1950-mar 1951

Noção de Pátria, 05.03.1951

Decius Infante, mar 1951

Reservando-me sempre para as horas frias, nov 1949

Dizer suave ao tempo, Lila, dez 1950

Epitáfio, 30-31.03.1951

Eu sou contemporâneo de alguém, 20.07.1951

Viver é frio — sem o cansaço aberto, 05.12.1951

Fadas para Eni, ago-set 1951

Move-se a brisa ao sol final, fev 1951

Evocação pastoral do menestrel, dez 1951-mar 1952

O que se perdeu, foi com palavras, ago 1952

A água e a boca (Retornará!), jun-jul 1952

A morte do infante

Finalmente
me vereis apascentando um rebanho de sepulcros
sobre a última colina do derradeiro bairro
entre o ocaso da luz e o fim dos grandes gestos.
Onde a noite inventa a pedra denegrida
em que se crucifique das ovelhas a mais negra,
onde o defunto mais sinistro enrijeceu o músculo
de uma árvore de trevas
e em golfadas de sombras golpeou a face do crepúsculo
como escarmento de promessas em ludíbrio
e vômitos de entranhas rebeladas,
— este será o aprisco ao qual me oferto
sucinto em minha roupa e em meu porvir.

Mas como enredo, ao meu remorso consequente
poupai a negra cruz, sombra do tacto
e espantalho de mensageiros meus sempre benditos;
e não soqueis a terra, a minha terra,
até que alguma aurora franciscana
e rosa das mercês
arrefeça o rancor do meu redil de hidrófobos
e minhas pálpebras abdiquem, sem incêndio,
dos nervos que as retêm nas órbitas do ódio.
Vulnerável aos poros da terra perfumada
virei saber dos tempos naturais,
a brisa, a chuva, as vozes familiares
numa saudade contundida
entre o pássaro e a lágrima!
E sobretudo hei de saber com fitos insuspeitos
das contas orvalhadas pelo vosso rosto
que a madrugada irá depor sobre algum lírio branco
— moeda comovida para o meu resgate,
frêmito de cristal do meu delito,
lírio que hão de plantar sobre o meu lado esquerdo,
esquerdo,
que plantareis, Cecília de Novembro,
flauta pastoral sem mais conflito.

Altar-menor

'Tis not a game that plays at mates and mating
Ezra Pound

Introitus

Um pouco à margem de ti, sem pão nem circo,
Pedrangularmente me assentei.

Offertorium

Ruivo escriba de noivos, jugulei num dia
Vinte polichinelos de aleluia
Que me rompiam dos bolsos como gritos
De angústia expletiva.

Antiphona

"Rei de horrível majestade":
Meu hemocanto é sem revérbero.

Hóstia de enxofre e aleivosia,
Meu hemocanto é sem revérbero.

Ai funeral,
Tema de minha alma principal,
Meu hemocanto é sem revérbero.

Mártir inédito do Tédio,
Meu hemocanto é sem revérbero.

Fêmeas
Turbai-me as têmporas em fogo-e-fátuo,
Meu hemocanto é sem revérbero.

Filho-famílias, verga ao cânhamo talar,
Meu hemocanto é sem revérbero.

Talar talar talar talar

Meu hemocanto é sem revérbero.
Ai
Meu hemocântico não tem revérbero.

Communio

Trago os cabelos ruivos
Dos silêncios quase heroicos.
Ruivo escriba de noivos ao perfil dantesco,
A mim concernem: os pregões menstruais
De enlaces amistosos:
As bênçãos de alianças de encomenda
Para os dedos seródios;
Miudezas, vísceras, sucessos
De cama e mesa;
Uns pálidos discursos de esperança
Às neomênias:

E este voltar-me para os cantos surdos
E soltar meus urros.

Post-Communio

Registro:
"Ninguém teve sede. Os dois longânimes antílopes
enforcaram-se na corda em prejuízo do Angelus".

E estiro-me na catacumba
De um sono imorredouro à flor da escória,
Enquanto um grito póstumo retumba nas
Torres de Tombo da Memória.

Hidrofobia em Canárias

Eu, que sou raro e lobo, ou cão raivoso,
anseio à linfa que me agride, ó linfa!,
mas roo o faro com caninos de ouro,
sangrando à lua este caim de mim!

Aronda, aronda, diz a brisa e a língua,
mas em Canárias suspendeu-se o cio;
aronda, aronda, oh cauda em remoinho,
meu coração demasiado nos domingos!

Raiva a si mesma a raiva com vitríolo,
se aos domingos não traio quem delira
de um outro cio, viril para exilados,
quando em Canárias açulam-se as membranas
uivantes como véus ao tímpano das sarças!

A seiva que não canta infesta as bodas,
mas, um meu sangue à lua enciúma as proles
surdo-cegas e moles de áurea cerviz:
Aronda, aronda, cave canem, mulier —
decius é o cão
                    pignatari — o canil.

Eupoema

O lugar onde eu nasci nasceu-me
num interstício de marfim,
entre a clareza do início
e a celeuma do fim.

Eu jamais soube ler: meu olhar
de errata a penas deslinda as feias
fauces dos grifos e se refrata:
onde se lê leia-se.

Eu não sou quem escreve,
mas sim o que escrevo:
Algures Alguém
são ecos do enlevo.

Bateau pas ivre

Quem é viagem cunha agora
O lúcido périplo de alúmen:
— Ó quem lapida, ó quem vigora,
Punge a foz do super-flúmen!

Quem é viagem fere a quilha
Contra um delta em lodo e lata.
— "Senhor, fantasmas aromáticos
Perturbam nossa angústia ao norte!"
— Ó quem jugula, ó quem perfilha
Nosso rumo hostil ao vento,
Fere um sonoro momento
Nas campânulas da glote!

Quem é viagem sofre à vista
Da mais áspera garganta.
Amídalas de vidro. Aragem.
Nervo e níquel. Ó conquista.
— "Senhor, tua boca boquiaberta,
Pasmo de hálito no peito,
É um búzio oco que não canta!"
— Ó quem sutil, ó quem coragem,
Rompe agora o brônzeo estreito
Entre a língua e a linguagem!

Nervo e níquel. Ó conquista:
Afunda a quilha à foz do flúmen.

E o Senhor Comandante Manchego dos Minérios:
— Ó quem aborta em ouro e prata!
E o Grumete Fiei, num megafone em pânico:
— Ó quem se mata.

Um monstro pescador lança a tarrafa
E o colhe (ao barco), peixe frio, fria rota
E ei-lo, ó conquista, branda aragem,
Num ventre estéril de garrafa.

Ó quem se esgota.

Noção de Pátria

Que faz minha memória de outras gentes
aos poucos na distância e aos sustos intocável?
Que faz com que marchemos inodoros,
eu e vós — gentes — e nós, ventos salubres
que asseveramos a lei da contumácia
na falência do sopro, e o júbilo
do sopro na denúncia da morte,
nós — os meninos do beijo à verde voz?
— Apenas o amor e, em sua ausência, o amor,
decreta, superposto em ostras de coragem,
o exílio do exílio à margem da margem.

Decius Infante

Em tempos,
Decius Infante, em nua carne
e amor, distinguira no mundo o mundo
que imprimia, e seu pólen de sopro, insuflado
no solo, sob as leivas do amaino, em terra própria
semeava
"Esse trabalho de mulher — o êxtase":
Agora, os silentes desmandos de seu ócio
concernem a pequeninas torres, sem babel
nem audácia. (Dizer que outrora conspirou à boca
de seios pequenos pequenos conluios
de róseo contacto — a aurora no ombro —
e hoje inspira a mefítica
arrebentação
das últimas laranjas!).
Seu consistir de amor, quando se inclina à terra
são, na treva e saliva, coleios
de língua sáfara, vazia
a mão de sementes, e a chuva
aquém dos cabelos
com seu brilho desfeito, atados
à rabiça do arado — pênis que punge a terra
e não fecunda, e a cabeça
sepulta entre raízes grandes
já sem seiva, membros e tronco — ontem
aurividentes — e ora alimentando
um derradeiro cáctus: Porém (agora
que o vento irrompe do crepúsculo
de hoje e de areia), entre as laranjas turvas, aferrando-se
à lâmina (ferrugem) da quilha
como um punho vermelho ou
aríete rubro
a latejar no último
sulco sua última
gota — o coração, batendo
como um homem.

Reservando-me sempre para as horas frias,
talvez relembre, um dia, o humor destes meus olhos
nas horas tépidas de agora, quando
inconsciente delas, pergunto (agora) à chuva
ou a alguém por ela, sentindo em minha pele a pele
tão mais velha de um terno amarfanhado,
se é o amor que me deixa solitário,
ou se é o olhar oblíquo desta índole espessa
que não sabe sofrer imagens brandas
que a hora urge, ante a rechã de tua memória
feita de apenas breves horas como afãs do tédio
(as unhas aparar, bermuda ou rosa calmo?, ou ler um verso
que não assuste a hora e a modos olvidável)
até que em teu bordei de vidro rompa o esposo
das cópulas em mora. Naquele dia, eu,
a lastimar-me — eu que fujo em novembro —
tão triste e afeito às horas tão mais frias,
tão grave chorarei sobre os joelhos.

Dizer suave ao tempo, Lila,

é consentir que é tarde. Minha nuca,
meu braço direito e o pulso de platina, nunca
os chamou assim a terra, como em dezembro — não a terra
que invade as entranhas indefesas, mas aquela
cujo desterro sobre é o escoar do sangue
tão frouxo! além dos poros, em busca
de um sulco mais ferrenho — vivos
por sortilégio do insensível, sem
mais império do que passar os dedos
por ladrilhos brancos, como
um fio de barba ou minguante de unha
dissolvidos num copo: alquimia do pranto.
O sopro e o sangue criam, não
ressuscitam. Os mortos
aborrecem chamados de esperança. As crianças
turbam a ordem. Os poetas
comovem o caos, afligem
o ventre das mulheres. E dizer
suave ao sono, é consentir: São tarde, Lila,
são muito tarde os seios com que agora

Epitáfio

Décio Pignatari menino imenso e castanho com tremores
nascido sob o signo mais sincero e para e per e por e sem ternura
quem te dirá do mando que exerceram sobre os teus cabelos
os amigos rápidos as mulheres velozes e os que comem dentro do prato
Estás cansado Pignatari e teu desprezo intumesceu como uma árvore tamanha
Estás cansado como uma avassalada aberta enorme porta enorme
e quando abres os braços repousas os ombros em amplos arcos de pássaros vagarosos
Lento e fundo é o ar de tuas tardes nos teus poros
e dentro dele se desenredam fundos e atentos mesmo os esforços mais assíduos
e se mergulhares tua mão na água que repousa à água acrescentarás a mão e a água
Décio Pignatari menino castanho e meu como um cachorro grande
que atravessa o portão sereno inflorescendo aos poucos no jardim seu garbo
com a calma grandiosa das nuvens que se abrem lentas na tarde para envolver o ar
devagar tua cabeça almeja devagar a superfície sem temores
e tuas pálpebras se inclinam ao eflúvio da sesta mundial de imensos paquidermes
que avolumam na sombra como grandes bulbos insonoros em cavernas dormidas
Mansa dinastia de gestos nas ruínas dulcificando as intempéries da memória
descansa como um cortejo de crepúsculos antigos na cordilheira turva da semana
Crescente como o céu de março nas ameias das torres elevadas e redondas
e à tua própria sombra no mundo que perdeste
descansa Pignatari

Eu sou contemporâneo de alguém que — entre alfaias
de torno crepuscular, cuja penumbra, atenta a uma janela
com reposteiros de veludo, onde um azul impromptu se emaranha
que alicia Vésper de outro azul, conspira de um balcão
contra incertas tentativas de abandono (há muitos anos)
sobre o mar — acha-se ausente de um seggio
senhorial, mas ouve os cães e alonga um devaneio
com o dorso da mão, desde preclaros litorais
junto ao sonho da estirpe, até ao fim dos mortos
onde vagar e divagar são sílabas humanas.
— Este senhor-menino, que habita no meu paço
entre arcos que exala um sonho e outro, é um sonho
primordial do olvido em recordar-me.

Viver é frio — sem o cansaço aberto
à tarde, final e vagarosa, e em viagem
sem velas — sem o feliz murmúrio
das vísceras, como constelações de rumo

                                               sussurrantes
para Vésper — e ao largo, ao largo
da insistência mordente de um dia sem piedade
— frio sem termo ao fim de cada dia, quando
as figuras de proa, desesperando os remos
viciados nas cavilhas, os emaranham
em cabelos, como dedos na areia, frios,
e as lampreias do nojo, luzidias,
constelam-se nos flancos.

Fadas para Eni

Eni, que monta sobre a ponte — velha ponte — de funchos,
Abandona seus lábios sobre as águas — quando as beijo em tardes passadas —
E, sorrindo, com seus olhos de água à sombra,
Me guarda de coração.

Num momento, seu dente de coelho,
Que lhe faz cócegas no seio esquerdo,
(Porque adora inclinar a cabeça
                                    para olhar e sorrir)
Cai-lhe na água.
                    E temendo
Que alguma coisa lhe doa chorar tão devagar,
Eu digo: Eni.

Silêncio no seu colo. Nos meus braços.

Sobre o seu ombro, além das frondes, pela fímbria
De azul, em nuvens de verão, cavalgam
Cavalos inteiros.

Eni, meus lábios.

Seus cabelos de pajem estremecem
Como um ninho chamado. Sua lágrima e língua
Doem longe
No meu leito claro, como em nervo magoado —
E sua voz, como cabelos seus ao desamparo
Ferem meus lábios leves, aflora
No meu ombro, umedecido
Para a mágoa:

Minha irmã, minha madrasta,
À noite, quando ela dorme,
Suga-lhe o seio de casta
Um sinistro luar de tormes.

Seu punho crispa no ar
Minaretes de camurça
E grita como a matar-me:
"Sucna Murga, Sucna Murga,

Que montais o Quironante,
Herói da fronte que uiva
E antebraço de carvão,
— Encarcerai minha irmã
Nas caabas de alcorão!".

Depois desperta, e sua mão
Se muda em pedra malsã
Até que eu diga: Por vós,
Eu chorei toda a manhã.

Então sua mão recupera
Modos de mão virtuosa,
Mas em seus bilros enreda
Meu nome com linha preta:
Eni — coleio de cobra.

Meu seio esquerdo endurece,
Mas eu fujo e digo: amor,
E já na ponte tão velha
Lavo o seio com teu beijo
Que na água diz: Eni.

Porém no fim do romance
— E início do pesadelo —
Eni desfaz outro encanto
Com seu dente de coelho:

E eis-te erecto no arroio
Que sem ti fica sem gente
E turvo fica sem ti,

Pois quando em nuvens do alto
Cavalgam cavalos inteiros,
Dizes de ti para Eni:
— Eu sou o Príncipe Eni.

Move-se a brisa ao sol final e no jardim confronta
a púrpura com luz e a turva bifrenária — um gesto de
azinhavre. Eni abre o portão, manchas solares
confabulam: (esvai-se o verão). Seus olhos
suspeitam, temem o susto das mudanças
incríveis, repelem o jardim bifronte ao sopro do
crepúsculo. De verde amargo e quinas de ferrugem,
um cáctus castelar, optando contra
a sombra rasa, num escrutínio de esgares, soergue
entre os cílios de Eni, por um instante, um rútilo
solar, em marcha com suas nuvens noivas!
E ela depõe, aos pés de ocre do castelo,
as pálpebras, aos poucos liquefeitas
ouro — um malentendimento de ternura
na tarde decadente, cáctus.

Evocação pastoral do menestrel

Surges nu, de arrabil, no tempo azul e alto,
quando as grandes palavras parecem coroar-se
de beleza alcançada: vai em meio a caçada:
soltaram-se os falcões e gerifaltos,
que enfiam através sonoras torres
levantadas no ar a sopro de bucinas!

Glorioso no ademã dos teus cantares,
teu corpo evolve
                            róseos meandros
em volumes brandos, arredondando
as juntas, à sombra
das romãs — e exorta a claridade
dos cimos: ei-lo subindo
                            além dos gerifaltos!

Por um momento, aborrecendo olhares doces
as peripécias gárrulas da faina, as bem-talhadas
ondulam por teu corpo, e aos tornozelos teus
colando os lábios de amaranto,
                            suspiram bálbuces.
Logo, porém, sentido em meio às coxas
um úmido pulsar de línguas tesas
precipitam-se quentes, intumescendo
                            enquanto correm,
à Marcha Triunfal dos Cem Faisões!

Eis que te abates sobre os seios do instrumento,
chorando por extenso a luz que foge ao corpo
e galga, heroica, junto aos clangores da vitória,
as grandes nuvens suseranas e estivais,
as Nuvens — mirante de fanfarras sobre um corpo gaio!

Tout est tout dire.
Éluard

O que se perdeu, foi com palavras. Onde,
por em excesso narrada, subiu a um alto
contemplar-se e arrefeceu, formosa, dor? Quando
beijar-te a língua (o corpo muito
extenso entre os dedos no escuro, os eucaliptus
(de um golpe sereno) vivendo
todos os seus poros, que
                devagar
no entanto — suor e estrelas — fogem fogem
                   horá v hori horiana
e os joelhos sem pena de magoarem-se — infecundos
e as virilhas pungidas — e infecundas — e um desencanto
penispenso, denso, entre cujos cabelos, lentas, as cabeças
se agitam e lamentam — infecundas)
                  e retomar
horá v hori horiana
      conseguiram furtar-se, com amor e mágoa,
nos idos do tempo, à mágoa e ao amor que outrora os revestiram,
quando (como as estrelas
               horá v hori horiana),
         ó a cavalo magro e voador, Linda Maestra, morte?
— Ah estes grifos, quando furtam ao Medo Sua
        forma imperial e o desenfreiam sem sol
              nem máscaras de assalto
para um exílio amorfo de amuletos!

Perdeu-se, eram palavras de perder-se. Se fomos nós —
mutismo alvoroçado. Cicio de frutos, se com palavras
acharam-se as palavras
              horá v hori horiana
nos idos do tempo
          as palavras de outono, onde pousar a face
há poros perfumados, cujos corpos de um dia
          resistem
           (de um golpe sereno)

A água e a boca (Retornará!) e a fuga delicada das escravas
são ar, ou sangue do ar, ao mar nos membros. Náusea! e de joelhos,
recurvo e nu, minhas barbas salgadas sobre tuas mãos, como taça
que se devolve flor, enviam — ao longo dos teus braços —
ao teu colo, o tremor delicado dos meus lábios.
                                        Suspende-se
por um momento, nos ramos mais altos
do ar sem ameaças, como frutos ou nuvens serenos, o fôlego
magnânimo e carnal das epopeias. Soubesse o ar, ainda uma vez, das ânforas
onde seria o vinho da viagem, vinho com
poros ao sol, longínquo e forte, como em ciprestes — pássaros,
"e um cordeiro que balasse adiante,
na linha dos deuses foragidos, a elegia violeta
do morrer do sol" sustasse, antes do sol, o último
balido, ante um chuço vermelho
                        em campo de presságios: Retornará!
Retornará com dádivas e dardos — e Ninguém Polümetis, como um arco
desarmaria seu nome em teus joelhos.
Foge de nós a tarde como um lento exílio. Lilás e bronze — nuvens —
retêm o longo vento sobre o mar. Pousam
as flores, como se à distância,
saudoso as devorasse o latido de um cão. Silêncio
na água e boca nas palavras: trêmulos
pólens do homem nu, à hora
em que os vestidos nupciais, à beira do mar,
são banhistas donzelas, e em suas coxas
o sol é pele como o sente: suave!
                        Assim, não pronuncies:
— Tu és o náufrago, e ao sal dos teus pulmões
envelhecem os pássaros — pois o ar me distingue,
como às naus com meu rostro os ventos favoráveis,
de inúmeras viagens, tanto me encanta a música
gerada em meu ouvido, nau musical
que singram os mares infecundos, singram
sem náusea de naufrágio, içando, como velas,
nuvens, ó fuga delicada, tarde,
a nau e a boca, a brisa, ó água-Nausicaa!

Bufoneria brasiliensis
1 — O poeta virgem

Por prêmios de pregar silêncio,
Fez calar seu oráculo:
Meteu-se, em ouros, num sarcófago
E cruzou sobre o peito
O cajado e o báculo.

Grave sobrancelha rubra
Trai-lhe os zelos de Pafnúcio
E no inelástico sarcófago
Excita os sarcoptes-sarcasmo
Para desconversar, calado,
O caloroso prepúcio.

Hímen entre Orfeu e Onã,
— Que retrógrados apoftegmas
Não lhe ministram os súcubos
Dos esfíncteres linguados,
Para a harmonia interior
Do seu verso em decúbito!

Temperança feroz: excessos
Virginais no santuário:
Um louco emparedou-se
Para aclamar o silêncio!
— Extramuro, os poetas procriam
E parem, no troqueu gregário.
O país natal comemora o Natal
Na manjedoura: usura e gula.
Nessa efeméride, entreabrindo a burra
Onde se enlura, o poeta estoura:
"Mulheres, Rilke, esses bijus de um níquel!"
                    — e se emascula.

Fecha-se em copas. Está hermético.
É venturoso em ares de finado
— Ininteligivelmente em língua morta.
            Não o toqueis, porém:
            O caso está encerrado.

Bufoneria brasiliensis
2 — Música de coreto da minha autoria
na oportunidade das exéquias de um venéreo ancião

Sentiram da esperança as águas rápidas
Trombose coronária
Sentiram corações enfenecidos
Trombose coronária
A longitude do vosso coração
Trombose coronária
Mas os falsos reprobéus da sociedade
Trombose coronária
Asinha cantam nas vascas do sertão
Trombose coronária
Deixai-o o seu efêmio encantamento
Trombose coronária
Que outros mais probos consternam a efemeridade
Trombose coronária
E a própria hipossuficiência dos teus servos, obrigado,
Trombose coronária
Calou sua boca, pia, ó alma do jardim
Trombose coronária
Suspenso e enflagrante das Hesperidades!
Trombose coronária
Ouve, ó destac destacado prócer das patentes
Trombose coronária
As prepúcias sereias de tuas fábricas
Trombose coronária
Carpindo fino o chão funistro de tua última jazida
Trombose coronária
Enquanto um triste nenúfar se abre cá...
Trombose coronária
Oh fôsteis justos, imorrecidamente
Trombose coronária
Para provar-vos-ei até onde alcança a vista
Trombose coronária
Basta exprimir que o anjo fogáceo das meras Reses Públicas
Trombose coronária
Jamais portou-se ao lado do impúnido grevista!
Trombose coronária
E pois descendes ora à vasta mãe geral de colo latifúndio
Trombose coronária

Num sarcofágo d'ouro e brilhações
Trombose coronária
Correi, correi, ó lágrimas auríperlas da face
Trombose coronária
Dizei, dizei às linfas de Camões e à sideral coreografia
Trombose coronária
Que o Grande Pã ocorreu o desenlace!
Trombose coronária
Que assim dizia João, São, e São Marcos:
Trombose coronária
Os peixes como os Pães de Eloim
Trombose coronária
São o lastro celeste dos Césares petrarcos
E das grand'almas — Trombete, Josafá!
Trombose coronária
E não a tara dos tarados de olho chim,

Fim.

um flau de verca estrúlido coreal,
alunde, fúlaba de rás,
prolinda alunde,
e sástila rolábios vane e vina
amanda rei elaolá maginha.
dus da. colaimo in crócide
avelutordeluetristefor,
menai, menai! detréspila amariunda
um flau de verca e verca a tua cintura
esmigalhada em duas pedras podres
turfletular daúmila

enrácaut

ponta de um peso sobre o olho azul

empapelar a calma que te esmago tanto

balcão de ferro e cotovelo de osso

prensar-te o branco à força de não ver-te

estar é pedra e quando enxuto dentro

quieto o mais vermelho do viver

vê-se que amar-te a olho nu é um pão

e no entanto e no entanto e no entanto

Escova

Plexiglass e nylon, da leve lucidez de
tua cútis, esses sessenta geysers se
levantam, podados a duralumínio, as
raízes translúcidas a nu na transparência — e
do cristal ao leite, os úberes capilares ex-
traem ou emitem a luz em extrato? es-
pelho escalpelado por dentro, refletindo o
avesso mais claro que o direito,

                                    pensas (em íons) o
obscuro exterior que te dá luz? perdes o
invisível palpável na poeira do uso? o
hálito da boca com
boqueira derrui o teu plexo glorioso de
nervos apolíneos, como os estalamites-tites,
brinquedos de carbonato aliciando luz em
escrínios de vácuo, espeleologia do
inútil adorável, de Vaucluse? pedra-ume
de angústia-standard, adstringindo o
espaço-luz, digesto cotidiano de um gesto ex-
perto, com louçanias de belle époque, o
tracoma ofende o monopólio guloso de
estrita economia, apanágio malthus-
estrutural do teu sossego?

                                   (teus es-
pelhos por dentro), em linha-d'água lique-
fazes as dúvidas, e enquanto o mundo passa, tu
és e bela, mas se mais de um bilhão não
apreciam sequer os objetos concretos (pão) da
metáfora para te usar lindamente, só o
eterno te assegura a vida, ó
volúpia ótico —
manual, comestível epidérmico de
luxos módicos de alcovas-leoas de
invencível dentição, os teus ca-
belos têm o brilho perfeito das
calvícies do gênio, mas se o rigor conduz à
qualidade, 1/2 mundo está aquém de
tua água organizada e dura, lastro de
cristal de muitas fomes — ignorantes do
apetite verbal.

Traduções

André Chénier: **Ode à solidão**, fev 1950
Robert Browning: **Amor entre as ruínas**, jul 1950
Emily Dickinson: **"Há um certo declinar de luz"**, 1952
François Villon: **Balada da gorda Margô**, jul 1955
Emily Dickinson: **"Pedi um artigo apenas"**, 1967
William Shakespeare: **Morte de Romeu**, 1967

André Chénier

Ode à solidão

Presa de gente vil, taciturna e ciumenta,
    Morto eu estava, morto
E igual a eles. Porém nada me acorrenta
    Se a mim mesmo aprisiono.

Eu sou como um calhau que se torna uma estrela
    E — belo de imutável —
Seco, esplêndido e mau, cintilo e me desvelo
    Entre severo e grave.

Robert Browning

Amor entre as ruínas

Lá onde o fim da tarde em calmas cores favorece
   Milhas e milhas
Dos campos ermos, onde, agora, sonolento,
   Nosso rebanho,
Balindo ao crepúsculo, quedo ou perdido, anseia os lares
   A talar a relva —

Foi outrora o lugar de uma cidade grande e alegre
   E — dizem todos —
A verdadeira capital de nossa terra, cujo príncipe
   Desde tempos,
Aí mantinha a corte, reunia concílios, levando longe
   A paz e a guerra.

Agora, esse país nem uma árvore ostenta aos olhos,
   Como vedes,
E para distinguir declives viridentes ou regatos
   Que descem das colinas,
Mister se faz cruzá-los e emprestar-lhes nomes (pois que além
   Reúnem-se num só).

Onde o palácio audaz com suas abóbadas alçava as torres
   Como flamas
Acima do circuito das muralhas de cem portas
   Todo em mármore e abarcando
Tudo, e sobre o qual doze guerreiros caminhavam lado a lado
   Sem tocarem-se,

Vede: tanta abundância e tanta perfeição jamais de relva
   Se vestiu
Como se veste agora, este verão, nesse tapete que se espraia
   E recama os rastros
Todos da cidade — sejam madeira ou pedra — esta cidade
   Que se crê deserta —

Lá onde as multidões de homens riso e pranto respiravam
        Noutros tempos,
E o desejo de glória enchia os corações, e o pavor da vergonha
        Impelia os covardes,
E essa glória e essa vergonha, por igual, o ouro
        Vendia e comprava —

Agora, a pequenina torre derradeira que se alteia
        Sobre os plainos,
Emaranhada em alcaparras, pelas cabaças
        Malferida,
Quando a cabeça aos remendos de um saião em flor pestaneja
        Nas fendas —

Indica a base onde uma torre, em velhos tempos,
        Erguia-se sublime,
Prisioneira de um anel de fogo, que os carros traçavam
        Na corrida,
E de onde o monarca com seus pares e suas damas
        Assistiam aos páreos.

Eu sei, porém, enquanto a tarde em calmas cores
        Prepara a despedida
Para o seu aprisco, e o nosso velo lamentoso
        Nesta paz
E as vertentes e os regatos num cinzento vago
        Misturam-se ao longe —

Eu sei de uma donzela de cabelos de ouro e de um olhar ardente
        Que me espera
Sobre a torre, onde os aurigas recobravam ânimo
        Empós a meta
Sob o olhar do príncipe e agora sob o dela, arfante e silenciosa,
        Enquanto eu me demoro.

O monarca, porém, lançava o olhar sobre a cidade, em torno e
        Para longe, fundamente,
Sobre todas as montanhas coroadas de templos, todas as colunatas
        Das clareiras,
Todas as pontes e barragens e aquedutos — e então
        Sobre todos os homens!

Quando eu chegar, tão mudo e imóvel hei de vê-la,
      Uma das mãos
Em meu ombro, seus olhos envolvendo mais que as mãos
      Meu rosto,
Antes que nos precipitemos e antes que extingamos vista e voz
      Um ao outro.

Num ano, eles fizeram avançar um milhão de guerreiros
      Para o sul e para o norte,
E elevaram a seus deuses um pilar de bronze, tão alto
      Como o céu,
Ainda reservando mil quadrigas vigorosas —
      Ouro, adivinhais.

Oh, coração! Oh, sangue que se esfria e sangue que incendeia!
      Giros da terra
Por tantos séculos de estrondo, insânia e vilipêndio!
      — Encerrai-os
Com seus triunfos e suas glórias e o supérfluo:
      O Amor, Amor — e o resto é o resto.

Emily Dickinson — 1

Há um certo declinar de luz

Nas tardes invernais,
Que oprime como a música
Nas graves catedrais.

Fere-nos celestial:
Não vemos cicatriz, não
Víssemos a diferença interna
Onde os desígnios são.

Ninguém pode ensiná-lo
Em nada: sinete-desespero
Ou angústia imperial
Dos ares enviada.

A paisagem escuta, suspendem o fôlego
(Quando ele se anuncia) as sombras;
E quando parte, é como a distância
Ao olhar da morte.

François Villon

Balada da gorda Margô

Se eu amo e sirvo a dona de bom grado,
Tomar-me-ão por vil, paspalho e tudo?
Ela dá conta de qualquer recado,
Por seu amor cinjo punhal e escudo.
Quando vem gente, eu me despacho, grudo
Um pichel de vinho e me viro na moita, não
Sem dar água, queijo, fruta e pão.
Digo (se pagam bem): "Nomine Figlii,
E voltem sempre, às ordens do tesão,
A este bordel, que é o nosso domicílio!".

Não tarda muito, e eis-me de humor amargo,
Se sem dinheiro ela me vem pro quarto:
Não a suporto, quero vê-la morta;
Faço a pilhagem nos seus quatro trapos
E juro me pagar por conta e encargo.
Pego-a por trás na marra, e ela: "Anticristo!"
— Jura por Nosso Senhor Jesus Cristo
Que não dará. Passo a mão num porrete
E lhe gravo na estampa um bom lembrete,
Neste bordel, que é o nosso domicílio.

Mas vem a paz, e ela me vem c'um bruto
Peido, mais venenoso do que um bafo
De onça. Rindo, me acerta um squiafo no
Coco, diz: "Vem, filhote": e abre o pernão.
Então, dormimos como um pau, briacos.
Margô desperta, o ventre lhe ronrona,
E monta em mim: desatrofia o anão,
De milho em milho me debulha o saco.
De tanto putear, fico na lona,
Neste bordel que é o nosso domicílio.

Tenho o pão quente — vente, chova ou neve.
Sou putanheiro e puta não faz greve:
Quem vale mais, se não se vê a mais leve
Diferença de brilho — se a tal mãe, tal filho?!
Amor ao lixo — e o lixo vem atrás;
Desprezo à honra — e a honra é mais voraz,
Neste bordel, que é o nosso domicílio.

Emily Dickinson — 2

Pedi um artigo apenas,
Só ele estava em falta.
Propus pagá-lo em $er:
Sorryu-me o caixa-alta.

Brasil? Botãotorcendo,
Cerrou, sem ver-me, o cenho:
— A minha cara senhora
Não quer mais nada, por ora?

William Shakespeare

Morte de Romeu

Quem será que matei?
Conde Páris, o amigo de Mercúcio!
Que me dizia mesmo o escudeiro
À minha alma em tropel? Que o conde Páris
Ia casar-se com Julieta? Sim
Ou não? Ou quem sabe se sonhei? Ou
Já esteja louco, julgando tê-lo
Ouvido, ao ouvir o nome dela?
Dê-me a mão, pobre amigo, e tracemos
Nossos nomes no livro do infortúnio!
Para você, um túmulo glorioso...
... Que nada tem de túmulo, pois vejo
— Veja! — Julieta jazendo, ju-
ventude assassinada, a jorrar festa
De sua presença cheia de luz
Nesta beleza de jazigo!
                              E morto,
Ó morte, enterro também o meu morto,
            (Depõe Páris no catafalco)
Quantas vezes um raio de alegria
Saúda o moribundo! "É a melhora
Da morte" — dizem todos. Mas relâmpago
Não é o que lembro ao vê-la: amor... esposa!...
A morte-beija-flor sugou-lhe o mel
Do sopro, mas soprou-lhe um outro encanto!
Aqui não há derrota: a viva flâmula
Vermelha ainda tremula nos seus lábios...
... Na face... e afasta o lúgubre pendão...
Primo Tebaldo, no manto sangrado,
Que mais posso fazer por você, mais
Do que erguer minha mão contra mim, minha
Vida contra a vida minha, feroz
Inimiga? Perdão.
                        — Minha querida
Julieta, por que você ainda
É tão bonita? Quer que eu acredite
Que uma Morte sem corpo enamorou-se
Desse seu corpo e o mantém prisioneiro

Para tê-lo no escuro, monstro obscuro?
De temor, por amor, eu vou ficar
Ao seu lado, à pouca e vaga luz
Deste palácio... vou ficar... ficar
Com os vermes que são suas mucamas,
Num sono-fim, depois de sacudir
Da carne gasta o jugo das estrelas
De má sina.
    Meus olhos... olhos... olhem
Pela última vez! Meus braços... braços...
Abracem pela última vez! Lábios,
Carcereiros do hálito, com um beijo
Fechem negócio a longuíssimo prazo
Com o truste da Morte, ora mais gorda!

Ó piloto desesperado, ó prático
Amargo e guia sem sal, atire contra
As rochas vivas este barco avariado!
Um brinde ao meu amor.
      (Bebe)
     O boticário
Não mentiu. A droga é rápida como
Este beijo agora... Ro... meu... mor... eu

POIS É
POESIA

Vértebra
(Noigandres 3)
1956

L'effort de l'animal à se faire une vertèbre
Julien Benda

Adieu, Mallaimé (Autoportraître), abr-maio 1954
Stèle pour vivre nº 1, jun-jul 1955
Stèle pour vivre nº 2, ago 1955
um movimento, abr 1956
semi di zucca, fev 1956

Adieu, Mallaimé (Autoportraître)

pequeno discurso, distinguir
teu resumo cauteloso, entre a direita
e a esquerda, sob as falas falésias, sob
o teu próprio fluxo — i'm moving! — e sob
o substratum, onde o olho-d'água se mira
e se interdiz;
                dissimular tuas letras sobre
os brancos movediços — chiaroscuro de cágado
tartamudo — trabalho de brânquias e de
peixes-pinças e cúspides silentes, para distrair
as puras tágides de eventual marasmo, insuflar
na boca dos poetas provincianos o mole caráter
das folhas e atalhos, onde a elegia se desnuda
de dentro para fora, como os peixes nus, que encurvam
sombra e ouro no ar e somprata
n'água

      ao pôr do sol,
            é múrmuro sorryssorrir, oblíquo,
à serena mentira:
         scatenate il buio!

       o

                   ça

a   spes!

                ad

lho

                       pi

ta   et   ag

   a

         oc   cu   c

     ar

   pu

              b

      c

nem será tão milag   q   eu deslinguado

não apr   reautoviver-me   o   morte

            colaçoférrea

                                    perdi   aqui   ali

ant   de me dizer no campo branco   mas

            contra   por   lu

torturo o dia como a pedra

                                    ao tempo

            e respiro no vác

suf   luz   sim   que a flor ao sol

            me afirma em nada   tal   viv

anteras   pistilos   estames: eu estou sem rédeas   l   íngua morta

nas virilhas

                    nu sobre nu no fun   d

                                    areia rosa

alex!   alex!

          goy

              andres   grandes

                         piques

de aco relinchando vent

           de flâmulas de flor de crina:

hipo   sombria

            de frente   sol

     pro domo

              vou te domando   buce-

fálica

um
movi
mento
compondo
além
da
nuvem
um
campo
de
combate

mira
gem
ira
de
um
horizonte
puro
num
mo
mento
vivo

semi di zucca

semi di zucca

branco

sal

semi di zucca

branco

sal

semi di zucca

branco   frio

boca

semi di zucca

boca

fala   **só**

frio

quente   sal

            só

frio   boca

sol

só

vento

vem

sol

se)   (ca

vem

seco

sal

só

sol   (al   (ó   (eco

vento

sal

sol

boca   branca

semi di zucca

só

fala

vem

frio

seco

vem
quente
branca

oca

frio
vento
seco

fala
sol

sal
só

semi

Noigandres 4
1958

terra, 1956
hombre hambre hembra, 1957
beba coca cola, 1957
LIFE, 1957

Noigandres 5
1962

caviar, 1959

Invenção 3
1963

abrir as portas, 1959

ra terra ter

rat erra ter

rate rra ter

rater ra ter

raterr a ter

raterra terr

araterra ter

raraterra te

rraraterra t

erraraterra

terraraterra

hombre hombre hombre
hambre   hembra

          hambre

hembra   hembra   hambre

beba coca cola
babe   cola
beba coca
babe cola caco
caco
cola
        c l o a c a

E

LIFE

caviar o prazer

prazer o porvir

porvir o torpor

contemporalizar

abrir as portas

abrir as pernas

obrir os corpos

Organismo
1960

Organismo

Invenção 2
1962

Stèle pour vivre nº 3 — Estela cubana

Invenção 3
1963

Torre de Babel

o organismo quer perdurar

o organismo quer repet

o organismo quer re

o organismo quer

organismo

orgasm

LUP OSSIDENTALM
MERCADAM
INOMINOSAM

sses brout obceios
fazem abanas
moram no lougr oc
libreherdade cem ceg
bourocrassia vital é
lógica do goz gost
sedentes mordendo a
paie, há 30 anos
odianta cair borc
ato ou preit afoma
molher impocivel, há
papel, melhor impociv
nest terr tem d es
pelo mais ou men at
ciou ao seu primamá
é, abdicou (caram)-no
alar d bouc chei
operração couco (dur
não desabocanha nem
eixa rolar lar ar o

US

STAB ENTE ENTE ENTE

COLOSSO
ENDIVIDUAL
NOMEADO

louc cem lucros
moucas nã
chucr
urança não vendo q
boua dourotina odio
ouso d mouços e mouças
oustra da carne, seu
oussa meu bom, não
no pouço braunco mul
gastar a sefomede
bilhas de boulso d
tod mas toudos
permanecer virgentes
é os 20 e renun
rio grand amur, i.
a ele mas hoj pod f
desq morou na
por fora) e agoura
o que não ama e d
marfim

AT SUPER

LUC DOLOROSAM
GASTRICAM
FIDEDIGNAM

de mãos atad
mordendo o grand
melha não pod
respira pelos olhos
alta, a tortura in
perfume de luta de
decida mergulh
ria da parede

ROS NA BA ENTE ENTE ENTE

DOCE
GUTURAL
INDIGNADO

por ansiar tud
naco da polpa ver
comer nem cusp
todo o ar que lhe f
justa lhe vem com
fruta até que fú
de cara na fú
azul

SE DE AÇÚC

LAMB AFOITAM
KAPUTALISTICAM
SISISISISIM

tempo concreto de
outro lado esputa o
lado que atraindo
à viva voz o toque do

USA ÁGUA DE OUT ENTE ENTE ENTE

COM FOICE
CAPITAL
SINTOMÁTICO

viverse onde o
grande peso nique
o destino à risca
estelarmente estrelado

UBRO*

Estela, estrela(s)

Arcabouço simultaneísta do poema: três grandes planos ou blocos verbais seccionados em determinados pontos e interceptando-se alternadamente. Blocos embutidos ou encaixados.

Como numa composição cubista. Ou no processo da montagem cinematográfica. Ou da montagem sonora com fita magnética.

Bloco A: **LUPUS STABAT SUPER (IOR) / LUCROS NA BASE DE AÇÚC (AR) / LAMBUSA ÁGUA DE OUTUBRO**

Estruturação na base de repercussões fonéticas, alterações ou distorções estocásticas no espectro fonético do discurso — para aproveitar a terminologia de George A. Miller (**Langage et communication** — Presses Universitaires de France).

Como na brincadeira de estudantes italianos: **Alfa beta gama delta/ Alza bene la gamba destra.** Ou de estudantes brasileiros: **Les enfants sont très jolis/ Os elefantes são tijolinhos**. E lembrando que o arremedo verbovocovisual está presente tanto no processo do trocadilho como no método joyciano de composição, ainda este exemplo, tirado do conto "A Sound of Thunder", de Ray Bradbury, muito mais adequado ao caso por implicar uma deformação ou aproximação estocástica:

TIME SAFARI, INC.
SAFARIS TO ANY YEAR IN THE PAST:
YOU NAME THE ANIMAL.
WE TAKE YOU THERE.
YOU SHOOT IT.

TYME SEFARI INC.
SEFARIS TU ANY YEER EN THE PAST.
YU NAIM THE ANIMALL.
WEE TAEK YOU THAIR.
YU SHOOT ITT.

No poema, o seccionamento da frase ou expressão provoca uma transposição linguística: bilinguismo sui-generis. Frase-chamalote. Assim, a frase latina se fragmenta em pedaços de outra língua, inglês: por transcrição fonética (**LUP**), por abreviatura (**US**), por palavra (**STAB**), por expressão (**AT SUPER** = at supper).

O bloco A define o tema em três níveis. Superior: nível do **lobo**. Médio: nível do **cordeiro**. Inferior: nível da **revolução**. Manchetes.

Bloco B: subtítulos ou tópicos. Especificações tripartidas do tema tríplice. Único bloco que permite leitura vertical em suas duas secções. À esquerda: latinório com diversos graus de aproximação e múltiplas alusões a uma certa situação político--econômica mundial. Algumas palavras parecem estar fora de registro. **Inominosa,** embora pareça palavra do léxico, é montagem de **Inominável** e **ominosa**. À direita: simultaneidade sonora entre um elemento fixo seriado e três variáveis (terminações soantes ou toantes).

Bloco C: textos. Algo assim como **faits divers** exemplares (o superior e o médio, pelo menos). Fragmentos de corpo presente: o homem concreto sartriano.

Nível superior do bloco C: alguém-polônio, continuísta da moral do lucro, enquanto come, reporta-se aos conselhos paternos e invectiva os jovens. Palavras mastigadas deturpando-se sob a atração do lucro, denunciando-o ao mesmo tempo que tendem para ele. Capitalismo, língua e linguagem. Certas palavras sofrem o processo de seccionamento e encaixe que comanda a estrutura do poema, tal como ou parecidamente ao que se passa com a palavra **porte-manteau**, de Joyce: **afomagastar** (afogar, gastar e matar), **sefomede** (sede, fome). Ou com a tmese. O poema pode ser encarado como uma vasta e complexa tmese. Constelação tmésica.

Nível médio: alguém, com uma fruta entalada entre os dentes, sem poder degluti-la nem expeli-la, configura uma situação-tensão que se abre sobre o desespero. Reduz-se bastante, aqui, a deturpação da linguagem.

Nível inferior: fusão entre a expulsão da fruta e o lançamento dos satélites e naves espaciais. Conjunção histórica da revolução cubana — a primeira do Ocidente — e o início da era espacial. Alusões fonéticas a **sputnik e vostok** (= Oriente).

Asterisco = asterisco: pequeno astro, estrela cubana, satélite ou expoente (sentido matemático) simbólico girando em torno ou no horizonte de um ruído, grito ou urro revolucionário.

Lembrete ao leitor: no que chamei *textos*, a leitura se faz de um bloco a outro, linha a linha: não há leitura "vertical" em cada secção isolada.

O melhor modo de compreender uma estrutura sensível e inteligível, isto é, artística, é o de apreendê-la direta e sensivelmente. Para os que o insólito perturba a ponto de necessitarem "tradução", estas notações talvez sejam de alguma utilidade. Para os capazes, se não de ouvir, de inteligir estrelas, elas perturbam mais que o insólito que, apesar de insólito, é claro, claro mesmo sendo complexo.

Como "estrutura primeira", o poema se liga diretamente, sem intermediários, ao **Coup de dés**, de Mallarmé. E mesmo quanto ao tratamento das palavras, não lhe é estranha uma certa prosa do mestre: **l'heure — le heurt / écho — ego**: "recherche de mots en écho, favorisant un retour de la pensée sur elle-même, et donnant une impression de **calfeutrage**". — Edmond Bonniot.

Como material, o poema é uma estruturação de corpos ou blocos de ruídos semânticos. Visualmente falando, participa do jornal, do anúncio luminoso e da lápide inscrita. O título **Stèle pour vivre nº 3** leva em consideração este último aspecto. As duas estelas anteriores — pesquisas sobre palavras mutiladas — datam de 1955 (**v. Noigandres 3 — Poesia concreta,** 1956).

Por outro lado, **Estela cubana** é apenas uma solução-opção pessoal, dentro da nova posição assumida pela poesia concreta, a partir do 2º Congresso Brasileiro de Crítica e História Literária, que teve lugar na cidade paulista de Assis, em julho de 1961, onde e quando me coube apresentar os termos da nova posição, o que fiz no relatório-tese **Situação atual da poesia no Brasil**, ora publicado na revista **Invenção**, número correspondente ao primeiro trimestre de 1962.

Poemas como este — e a poesia concreta, em geral — estão a exigir, cada vez mais, novos instrumentos de precisão para a sua elaboração. Um laboratório de fonética, por exemplo, de que não parecem sentir necessidade, por anacrônico que pareça, nem escolas de arte dramática e atores, nem faculdades de letras e línguas, nem estações e locutores de rádio e televisão. E computadores eletrônicos, para a criação de textos probabilísticos, estocásticos, topológicos, tal como vem realizando o prof. Max Bense, em Stuttgart, e tal como se faz em Kazan, na União Soviética, segundo informação desse mesmo professor alemão. Ainda recentemente, a imprensa deu notícia sobre poemas (embora tradicionais) realizados por, ou melhor, com computadores eletrônicos, na Itália (**Almanacco Letterario Bompiani**, 1962) e nos Estados Unidos (v. revista **Time**, de 25.05.1962).

Das **Divagations**, de Mallarmé:

( ) l'acte poétique consiste à voir soudain qu'une idée se fractionne en un nombre de motifs égaux par valeur et à les grouper; ( )

Instituer une relation entre les images exactes, et que s'en détache un tiers aspect fusible et clair présenté à la divination...

L'œuvre pure implique la disparition élocutoire du poète, qui cède l'initiative aux mots, par le heurt de leur inégalité mobilisés; ils s'allument de reflets réciproques comme une virtuelle trainée de feux sur des pierreries, remplaçant la respiration en l'ancien souffle lyrique ou la direction personnelle enthousiaste de la phrase.

Tout devient suspens, disposition fragmentaire avec alternance et vis-à-vis, concourant au rythme total, lequel serait le poème tu, aux blancs: ( )

Ainsi, strictement, un "quotidien" avant qu'à vision, peu à peu, mais de qui? paraisse un sens, dans l'ordonnance, voire un charme, je dirai de féerie populaire.

[Originalmente publicado no jornal O Estado de S. Paulo, em 07.07.1962.]

TORRE DE BABEL
TORRE DE BELEM
TURRIS EBURNEA
TOUR EIFFEL
TOUR DE FORCE
TOWER OF LONDON
TOUR DE NESLE
TORRE DI PISA
TORRE A ESMO

ENEREATLRIE
TBOIOCRDEFO
EARREEDBTSF
RRUSIOSOEEO
OTEBEDTTALO
ULORBTEOAOF
ROOSLNRRETE
MNPDERFRRLM
ETDEUWEREIN
URUD

Invenção 4
1964

Poemas semióticos: agora!
pelé

chave léxica
lexical key

▭ (wide rectangle, outline)	agora! *now!*
□ (small square, outline)	talvez *perhaps*
■ (small square, filled)	nunca! *never!*

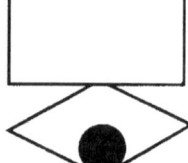

chave léxica
lexical key

   pelé

   a pátria é a família
(com televisão) amplificada
the country is the amplified
family (with television set)

   no fim dá certo
at the end all ends well

Cr$isto é a solução, 1966
Disenfórmio, 1963

Cr$isto é a solução

PERTURBAÇÕES INTESTINAIS

PERTURBAÇÕES INTESTINAIS

PERTURBAÇÕES INTESTINAIS

PERTURBAÇÕES INTESTINAIS

PERTURBAÇÕES INTESTINAIS

N F
EN FÓ
SEN FÓF
ISEN FÓRI
DISEN FÓRM
DISENFÓRMIO

Neomicina
Antibiótico de pequena absorção e de poderosa ação no combate aos diferentes agentes da infecção intestinal.
Ftalilsulfatiazol
Sulfa de baixa solubilidade e de grande ultilidade na redução da flora patogênica.
Sulfadiazina
Completa a terapêutica atingindo os focos de origem das infecções intestinais, bem como os bacilos disentéricos localizados profundamente na mucosa intestinal.
Pectina
Hidrato de carbono obtido de frutas cítricas de efeito antitóxico (diminui a absorção de toxinas) e sintomático (atua como constipante).
Homatropina
Antiespasmódico eficaz nas manifestações dolorosas decorrentes das infecções intestinais.

Disenfórmio pediátrico
Neomicina 25 mg; Ftalilsulfatiazol 125 mg; Sulfadiazina 125 mg; Pectina 20 mg; Homatropina 0,1 mg; Veículo para 5 cm3.

Disenfórmio comprimidos
Neomicina 50 mg; Ftalilsulfatiazol 250 mg; Sulfadiazina 250 mg; Pectina 30 mg; Homatropina 0,5 mg.

Procienx

Instituto Farmacêutico de Produtos Científicos Xavier
João Gomes Xavier & Cia. Ltda.

Exercício findo
1968

Stèle pour vivre nº 4 — Mallarmé vietcong
ideogramas verbais: homem/woman

                    man/woman

                    man/woman/man

                    borboletras

                    ruin(a)

Contribuição a um alfabeto duplo
D. Quimorte — 3 versões

**Stèle pour vivre nº 4
Mallarmé vietcong**

le vierge indice

ancestralement à n'ouvrir pas

sa petite raison virile

penché de l'un ou l'autre bord

l'effleure une toque de minuit

plume solitaire eperdue

en foudre

le vieillard vers cette conjonction suprême
le vieil art vers sept, conjonction suprême

SI C'ÉTAIT LE NOMBRE
CE SERAIT LE HASARD

SI SEPT EST LE NOMBRE
CESSERAIT LE HASARD

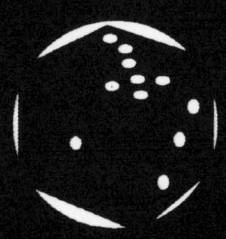

ideogramas
verbais

homem

man
woman

man
woman

borboletras

BorBol

ruin(a)

ruin

Contribuição
a um alfabeto duplo

a mocinha emþurrada
sentɵu-se mal
em cima do capɵtão
presente
de bođas de ouro

**D. Quimorte
3 versões**

Morte

morte

Stèle pour vivre nº 5, maio 1974
Zenpriapolo, jul 1974-jan 1975

OMO SOMOS

DON SIMII

R D

SOMOS COMO

SEMEION SE

MEMO

OS SIG OS

POETC.
1976-1986

Lamentação rimada do poema

E pois que me arrancaste a ferro,
Eis-me na fronte a marca do artifício:
A minha dor chorando em duas bocas,
Uma do parto e outra do exercício.

Aborto e prematuro, eis-me na estufa adrede,
Sem ter uma terceira boca que segrede:
"Lógico é o poema no seu reino,
Sem cuidar de sê-lo". E neste treino,

Enquanto me contorço, pela vizinhança,
Uma criança dança sem cuidar que dança.

Na vida interessa o que não é vida
Na morte interessa o que não é morte
Na arte interessa o que não é arte
Na ciência interessa o que não é ciência
Na prosa interessa o que não é prosa
Na poesia interessa o que não é poesia
Na pedra interessa o que não é pedra
No corpo interessa o que não é corpo
Na alma interessa o que não é alma
Na história interessa o que não é história
Na natureza interessa o que não é natureza
No sexo interessa o que não é sexo
(: o amor que, de resto, pode ser abominável)
No homem interessa o que não é homem
Na mulher interessa o que não é mulher
No animal interessa o que não é animal
Na arquitetura interessa o que não é arquitetura
Na flor interessa o que não é flor
Em Joyce interessa o que não é Joyce
No concretismo interessa o que não é concretismo
No paradigma interessa o que não é paradigma
No sintagma interessa o que não é sintagma
Na política interessa o que não é política
Em tudo interessa o que não é tudo
No signo interessa o que não é signo
Em nada interessa o que não é nada
Interessere.

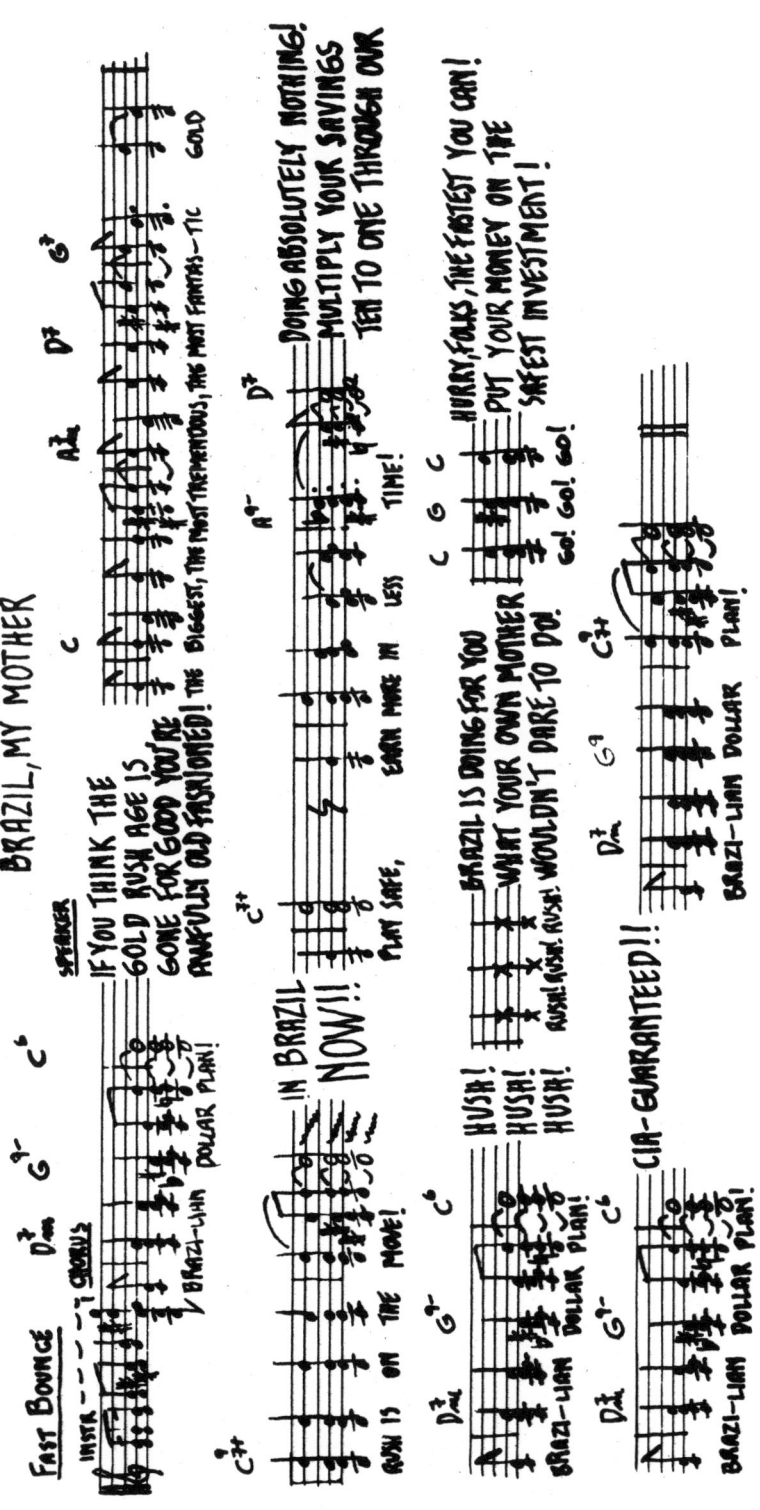

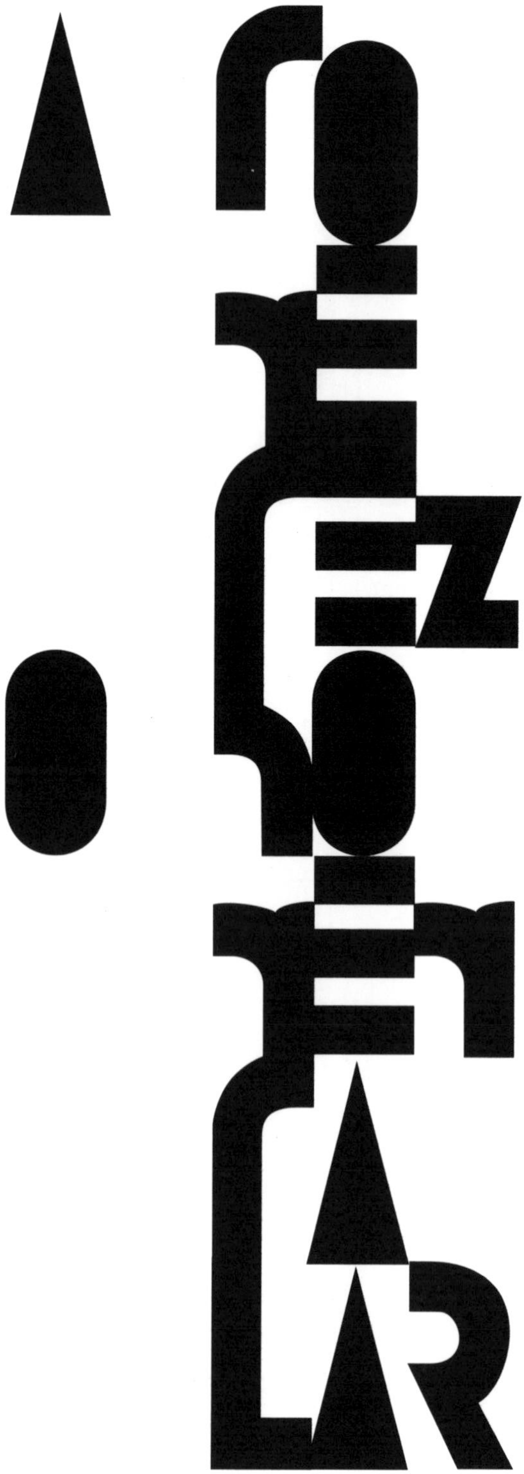

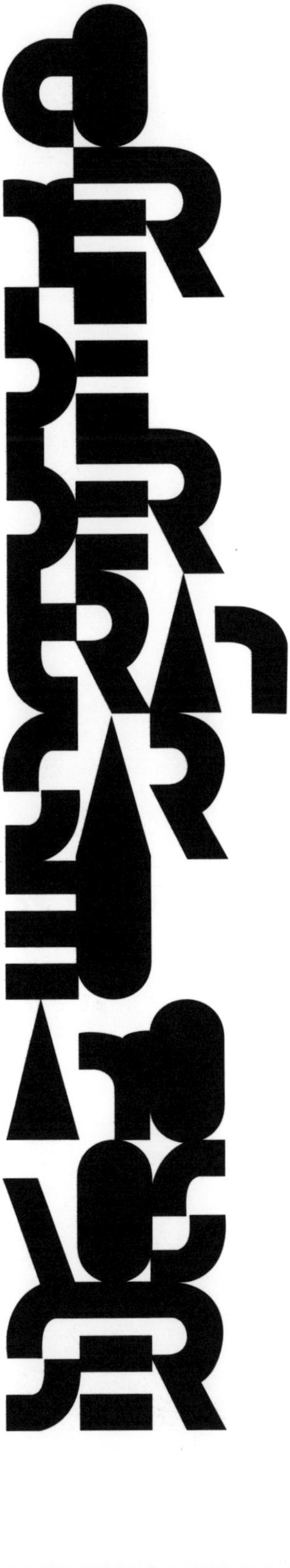

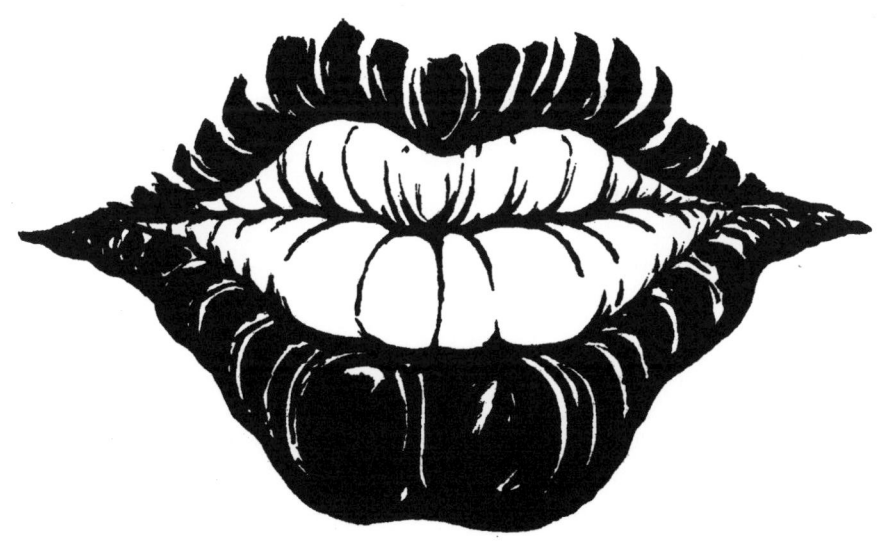

COLOROBOCO

CALENDÁRIO PHILIPS 1980

Janeiro/Fevereiro

Nem só a cav
idade da boca

Nem só a língua

Nem só os dentes
e os lábios

fazem a língua

Ouça
as mãos
tecendo a língua
e sua linguagem

É a língua
têxtil

O texto
que sai das
mãos
sem palavras

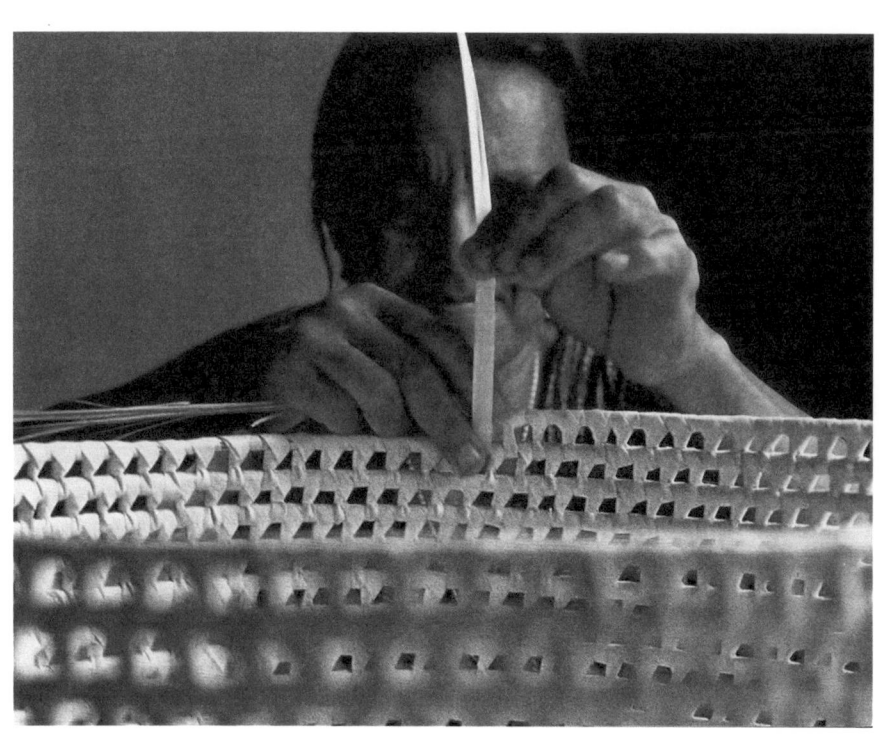

Março/Abril

O pequeno polegar
em oposição
aos dedos grandes
criou
a mão humana

Ela no crânio
fez o homem

Mão cerebral

Apalpando os sig
nos de ar e barro
o homo faber
falou e soube:

gamela

Maio/Junho

Da peneira grossa
ao tamis
bateia-se
um pó de raiz

A mão e sua mana
manejam
uma teia
contrária à
da aranha

Tudo o que
nela (fica)
ou) passa (

Farinha

É que é
do ventre

Da terra
e da gente

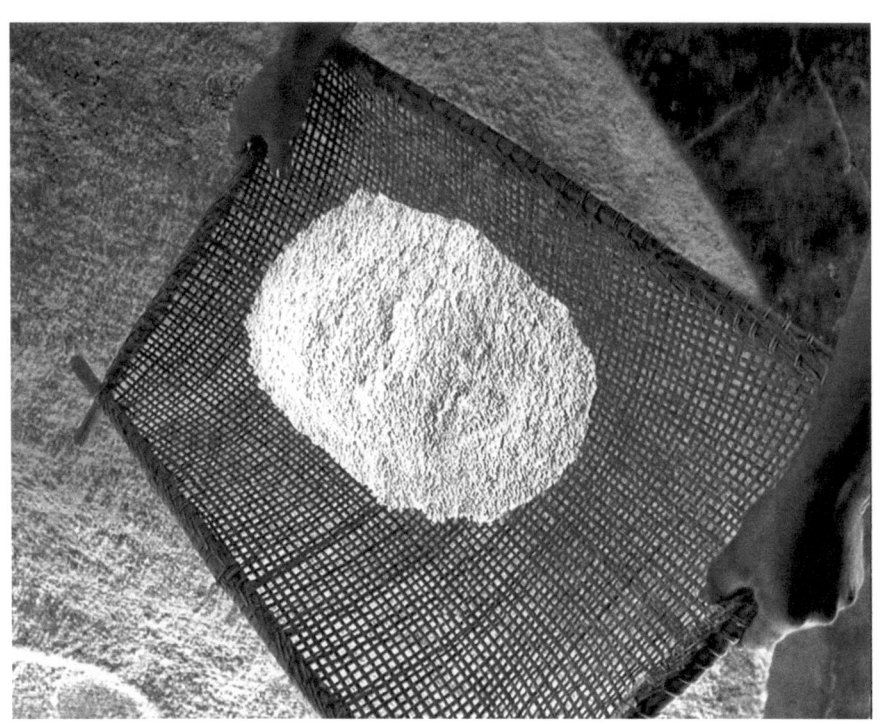

Julho/Agosto

Estas não
palavras
se inscrevem
no pré-papel

Ranhuras
de unha
tra-
induzida
em criada loquaz
de ferro
instrui-
mental

Falanges falantes

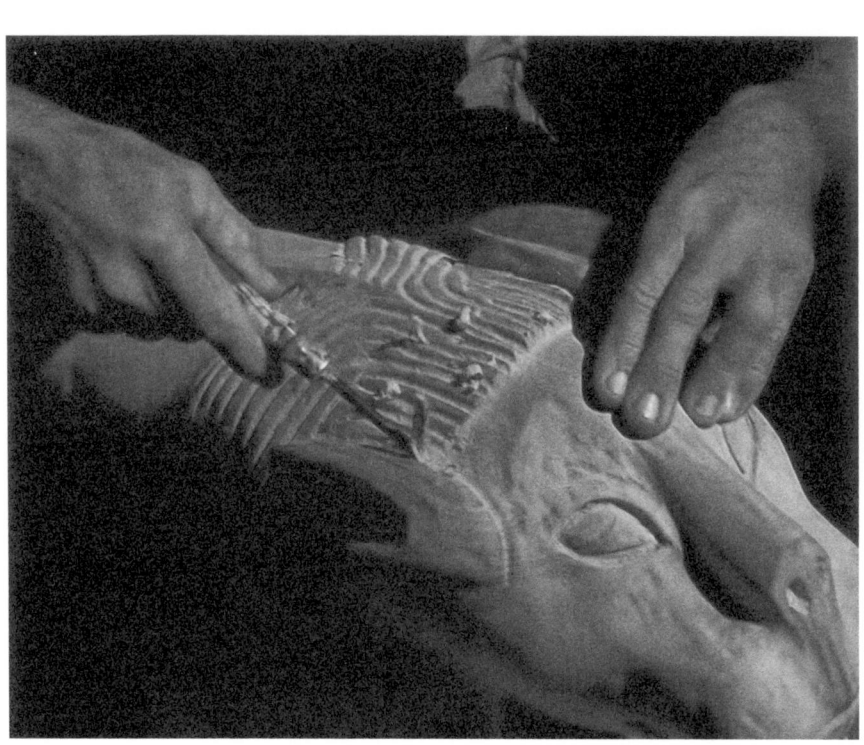

Setembro/Outubro

Cesteiro que faz um
cesto
faz uma casa

No oco do chapéu
a cabeça

No oco da roupa
o corpo

No grande balaio
vedado a sopapo
(casa)
a mão na massa
molda
a pele coletiva
do clã
(alma)

Novembro/Dezembro

Televisão
de cor e sol

Harpa em cores

Dedilha
a retícula
de fibras
quem lhe dedica
uma oferenda musical
em silêncio
e esplendor

Poeminha poemeto
poemeu poesseu poessua da flor

a brisa
a luz
o calor

tateiam

bolinam a flor
      quase vexada

e ela, voláteis,
perfumadas de cor de rosa
aos poucos
vai abrindo as pérnalas em vãos

num copo à janela

O sítio encantado

Os deuses me protegem, Tila,
e em ti, tão avara,
entornam toda a riqueza
a mim destinada.

Como a um corpo como o teu, assim, o demo alegre guarda a minha herdade,
acenando às moças-mulheres a que escapem aos maridos-morrinha,
fujam a esta parte, espalhem-se pelas trilhas
à cata de pitangas
uvaias
mangas
cerejas
amoras
romãs.

Pastoras dos rebanhos do seu próprio corpo,
cobra nem lobo as ameaça,
quando o meu fauno faz soar a flauta dupla
pelos vales e colinas desta curva
do Jaguari, em Valdevinos.
As lentas sombras destes campos afastam o sufoco do calor
e a brisa ao sol, nos tamarindos e palmeiras,
cicia audácias doces dos amores que virão.
Neste lugar, os perfumes dos pomares espantam as tristezas
e o vinho branco, como o córrego vizinho,
canta na garganta, noite afora e noite adentro.

Distante a inveja, longe a angústia:
Órion, ex-caçador, faísca
entre Beteljosa e Vênus
em flores-luz
e bendiz a minha morada
projetando no céu o meu alpendre
quando o sol se vai.

Aqui, a mão-macho insolente
da mais-valia do amor
não pode nada
contra

os	teus	cabelos
o	teu	rosto
a	tua	nuca
os		olhos
o		nariz
a		boca
a		língua
os		dentes
as		orelhas
a		garganta
os		ombros
o		dorso
os		seios
a		cintura
o		ventre
o		umbigo
a		bunda
o		púbis
a		pyxis
as		axilas
os		braços
as		mãos
os		dedos
as		unhas
as		coxas
os		joelhos
as		pernas
os		pés
a		alma
o		coração
a		mente
a	tua	tua
a	minha	minha
o	nosso	nosso

Três poemas ideológicos de amor

Você já arranhou parede?
    já sentiu o ácaro da rosa ausente
    já mastigou pano
    já viu a romã dar-se à luz em grená
    e o golfinho saltando para o teu útero
Você já ouviu um pintassilgo ouvindo Beteljosa

I amo você

ventrava estrelas
     e azul teu cheiro
         e cheiros
    beiravam pregas
    de luz de pele
       e enchiam o
          cosmos um corpo
          que se beijava
              por inteiros

Morrer em Nínive
desmemoriado
insensível a tudo

não fora
a grandeza do fim

não fora a lembrança
daquela terra
de índios e suipsitacídios

onde os teus olhos
me falolharam
por tuas bocas

pela primeira vez

Augrama para Augusto

```
            Fico sem
        (de tanto aspirar)
            alento
         (o ar da Provença
        que sinto no ar
     sem saber se esta aura
       vem  •  de dentro
        ou  •  do vento)

   Tudo  •  de lá  •  me encanta
           e tanto que
           rio  •  sorrio
        de orelha a orelha
      quando escuto louvá-la
           como louvei
         a Loba que amei
        e que lop me fetz
       en monts de Cabaretz

        (Como toda Loba
       se fazia  •  de boba
      Não aprendia o beabá
     a ralho  •  nem a relho
mas só  •  ó — ve — e — ele — agá  •
       e só sabia falar:
      •  Ó velh ! Ó velh !  •)
```

Mais ainda: em troca
de cada palavra
que • me • sai • da • boca
aspiro • como esponja • mil
de lisonja e elogio
se • quem dela fala •
• É linda! É bela!
é Augusto que
• Ajostar e lassar
sab tan gen motz e sõ
que del car ric trobar
no • Ih ven hom ai talõ

Pos tornatz sui en Proensa
é justo que
invoque
o inventor da chansõ
novela ab novel sõ
• Fanomela •
o Augusto que
nesta parte
de cabeça e coração
é a • pedra • de toque
• vital • da arte
da canção

Quase-ode a Horácio Pessoa Reis

A natureza não escreve.
No entretanto, eu lhe escrevo-a:
Turbável, faz-se de névoa,
Para brumar que a vida é breve.

Leio que não me atura,
Mas não sabe aonde vai:
Serei a coisa futura
Que pior lhe assenta e cai?

Tirante a hipótese divina,
Sou eu que a traduzo em gente
E, sereno, não temo a ruína
Que se alastra em nossa mente,

A delaminha, pois que existe
Só como prova de um eu.
Assim também dou alpiste
A um passado que morreu

— Ou ele me alimenta o agora
Para mostrar que sou a única
Informação possível, afora
A última mensagem rúnica?

Bibelô(?)

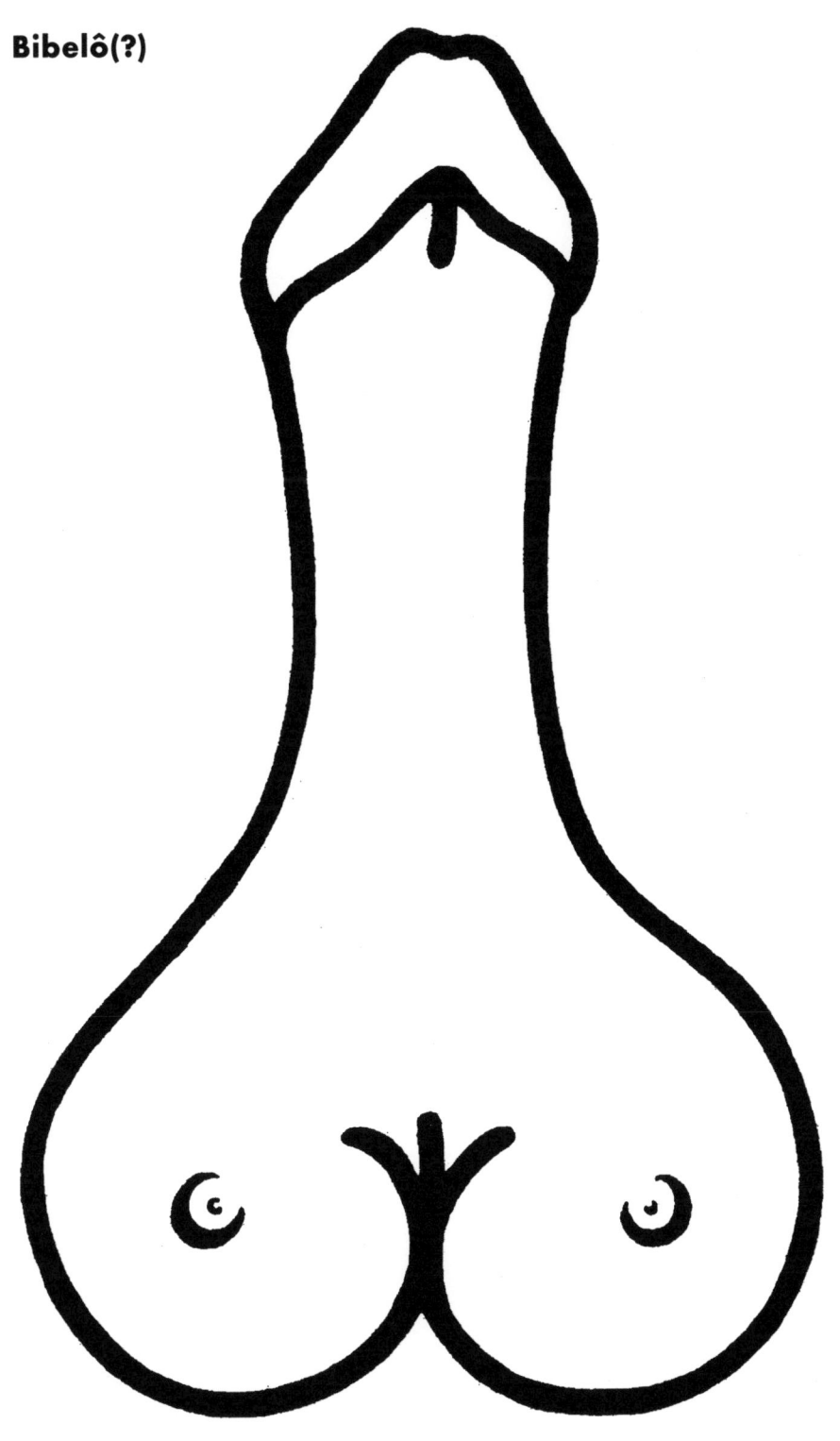

Valor do poema

Valem meus poemas
     não pelos compromissos de venda
          que não sabem firmar
               em recibos
                   receptores
                   receptadores

Valem meus poemas
     não como prova
          empenho
          contraprova
          do meu (não) saber fazê-los

Valem meus poemas
     não pela qual-
     idade
     que (não) possam ter
     nem pela quanti-
     dade que não têm

Valem meus poemas
     não pelo in-
          ou excremento
             do sentimento nacional
          ou pela democratização
               dos princípios ex-
                   ou concretos
                 de si mesmos

Valem meus poemas
     não pela cruelidade
          do cálculo que os contou
               cantou
               descantou
          de um lado a outro
   nem pelo fucklore
          de amores
             humores
             suores banháveis
             que tenham pro-vocado

Valem meus poemas
     não pela sereiaidade
          com que tentaram seduzir
               e
               armadilhar
               as belas alegrias transeuntes
    que garrulavam pelas peles jovens
               diferentes
               e
               indiferentes

Valem meus poemas
     não pelo dar e dor do prazer
          que me (lhes) tenham dado
    ou pelo êxtase de futuro
          que insuflou e animou
               uma
               ou
               outra animala à procura de alma

Valem meus poemas
     não pelo tempo que os supera
     nem pela beleza inútil deste sol
               ou
               destas antanhas montanhas
               desses olhos
               ou
               dessa sintura
                    sem senso
                    sensibilidade
                    ou
                    sentido
    não fora a não vida poeminha

Valem meus poemas
     por haverem valido
          infinitas carnes ternas
               externas
               e
               internas
               das   que amei
                              amo
                              amarei
Valem os vales

Liberdade

AVE SEM ASAS

SE VOU DÁ-LAS

VOA

Traduções

Paul Valéry

Espírito é mistura

Lembranças, verso, prosa, imagens ou sentenças,
O que flui das paixões ou o sono desfia,
Que é do acaso mercê ou dos deuses licença,
Tudo aqui se reúne em fragmentos de dias.

Conforme a hora: estranho, absurdo, amável, puro:
Escravo de um inseto ou senhor de uma lei,
Não é o espírito senão essa mistura
De onde, a cada minuto, o EU se desenleia.

Bashô

```
            VELHA
            LAGOA

            UMA RÃ
      MERG        ULHA
            UMA RÃ

            ÁGUA
            ÁGUA
```

De um verso de Iqbal

das asas

    cai-me
       o
       voo
       como
       o
       pó

Cercamon: uma paráfrase

```
DOCE
        AMOR
NO COMEÇO

            NUMA  HORA
            VOCÊ CHORA

                ORA

                    SE ABRIGA
                    E BRIN
                            CA EM MIM

AMARGO
NO   FIM

            VOCÊ


                            CAI EM SI
```

Rainer Maria Rilke

Abisag

1
Sobre. Servos, seus Braços, Meninice,
Fizeram enlear no Corpo augusto.
De Bruços. Horas mortas, que Velhice!,
não podia reter o Medo e o Susto.

Virava, revirava, (Barba), o Rosto,
a cada Pio de Mocho. E todo o Meio
da Noite distendia-se, disposto
a vê-la, Medo, e a envolvê-la, Anseio.

Tremeram as Estrelas, suas iguais,
um Sopro abriu, sagaz, o Cortinado,
(e um Ar insinuou-se perfumado)
atraindo os seus Olhos com Sinais.

Mas ela, ao Rei sombrio, fiel se prende
e, salva da pior das Noites, calma,
na Realeza fria a Pele estende,
virginalmente leve como uma Alma.

2
Soberano sem Gozo em Dia vazio,
e sem Feitos, o Rei medita
em sua Cadelinha favorita.
A Noite vem: arqueia-se no Frio
o Corpo de Abisag. Da Vida os Leitos
são Costas de má Fama, Orla maldita
sob a mortal Constelação dos Peitos.

Mas, versado em Mulher e seus Desejos,
julgava ver, às vezes, (Sobrancelhas),
uma Boca suspensa, Flor sem Beijos
— e via: para as suas Lavras velhas
não se inclinava a Haste amorosa, langue.
Insone, via-se Mastim, Orelhas,
buscando-se nas So(m)bras do seu Sangue.

Marguerite Young

A morte pela raridade

Eu temo, temo a raridade
do falcão da noite, graça, goela de rubi: temo extintas
(por inimigo não sabido)
a íbis rosada bico-de-espátula e a alva garça real; mortos

por uma guerra oculta de extermínio
contra todos, contra um, o galo-tímpano, o flamingo
e o selvagem cisne-clarim, por mais que se escondam, são
onde encontrados, alvo de caça e chacina,

pois a raridade precede a extinção, como a doença
a morte, há cansaço na
perfeição da concha e a ave perfeita
não vai nascer nunca,

e eu temo a raridade que oprime os encantados
pássaros com nomes de poemas
e a raridade deste sangue tão íntimo

— duro gelo em veio de ouro.

Samuel Taylor Coleridge

Kubla Khan

Em Xanadu, comanda Kubla Khan:
Para o lazer, para o prazer, levante-se
Um palácio de campânulas solares
junto ao Alfa sagrado que, mais baixo,
Em grotas, rumo a um mar sem sol, se afunda,
E uma cinta de torres e muralhas
Cerque dez milhas de gleba fecunda,
Onde em jardins serpenteiem riachos,
Onde a planta do incenso arome os ares
E florestas antigas, pelos montes,
Cinjam as manchas de ouro dos pomares.

Mas, ah, aquele vórtice românti-
Cortando de través os cedros da colina!
Lugar selvagem! Não, não verás outro
Assim, como assombrado, à lua minguante,
Por gritos de mulher pelo demônio-amante!
E desse báratro em torvelinho
— A terra a arfar em breves, densos haustos —
Clamava aos jorros uma fonte em fendas,
A expelir entre os seus jatos, blocos
De pedra — como os projéteis do granizo
Ou como os grãos sob o mangual do outono.
Pelos arcos das rochas dançarinas,
O Alfa, em seu colear pelas ravinas,
Faiscava, buscando o fim da terra,
Até atirar-se pelo mar-sem-vida.
— E, além do estrondo, Kubla Khan ouvia
Vozes de outrora cassandrando a guerra!

A sombra dos domos do gozo
Sobre as ondas flutua.
Como em compasso se escuta
Som de fonte e som de gruta.
E que milagre o desse belo engenho:
Abóbadas em sol, caves em gelo!

Vi, certa vez, e ouvi,
Numa visão de mistério,
Uma donzela abissínia
Tangendo um saltério
E cantando o Monte Aborá
Cantando o Monte Abora.

Pudessem tanger-se em mim
Tal som, tal verso,
Que eu, imerso
Naquele prazer sem fim,
Com música ergueria em breve
Aquelas rotundas de sol,
Com versos escavaria
Aquelas cavernas de neve
E todos as veriam lá
E exclamariam: Atenção! Cuidado!
Vejam seus olhos!
— Desvario.
E os seus cabelos!
— São um rio.
Fechem a roda
            roda
            roda
Cerrem os olhos em terror sagrado:

Este perdeu o siso:
— Comeu do maná
E bebeu do leite
Do Paraíso.

Thomas Hardy

Acaso

Se ao menos do alto me chamasse um deus
De ódio, e risse: "Ó homem coisa-dor,
Teu sofrimento é o júbilo dos céus,
Teu deve-amor é o meu haver-rancor",

Eu me conformaria, indo ao extremo
De não dobrar-me, réu de juiz verdugo,
Mas orgulhoso que um poder supremo
Me obrigasse a gemer sob o seu jugo.

Mas não. Mal nata, a Alegria já é Morte,
E num ofego a Esperança se afoga:
Brinca de sol e chuva o tempo, e joga
Dados trocados com meu crepe a Sorte.

Tais juízes viciados são bem loucos:
Condenam-me a viver, mas pouco, e aos poucos.

Horácio

Ode 28, Livro 3

Festejo como, este dia
Dedicado a Netuno? Assalte os redutos
Do bom senso, Lídia, e corra
A sacar do escuro o velho vinho oculto.

Declina o sol, mas parece
Haver sustado o voo: você retém
O meter a mão na ânfora
Que vem da safra do caro cônsul Bíbulo.

Bebo e canto, abrindo o dueto,
O deus do mar e as nereidas pelo-verde;
Lídia, lira e dedos, louve
Leto e a filha Diana com seus dardos ágeis.

No auge, exalte-se Vênus,
Que fulge nas Cícladas e atinge Pafos
No carro do par de cisnes.
(E a nênia à noite põe termo ao nosso turno).

Gregory Corso

Sem essa palavra

É melhor homem soltar longas palavras
e engolir as que um outro fala
pois não é digno homem de palavra
quem ainda por cima reclama
que aquelas que comeu não tinham sal

É melhor homem deixar a fala
e não ter boca
é melhor que alguém, eu mesmo,
repare em sua falta

Não é meu vocábulo
e já estou cheio dos seus
É melhor costurar-lhe os lábios
cortar as suas orelhas sem ouvidos
queimar o seu dicionário

É melhor
que os seus olhos ouçam e falem além disso

Arquíloco

A Neóbula, ausente

Queria nas minhas as mãos de minha amiga

. . . .

Pelos ombros, pelo dorso

       (E como amava trazer
       um ramo de murta
       e a bela flor da rosa!)

Como sombra passavam seus cabelos.

Wallace Stevens

O rei do sorvete

Chame o enrolador de grandes charutos,
Aquele dobrado, e diga-lhe que bata
Os coalhos concupiscentes nas xícaras da cozinha.
Que as gurias zaranzem nos vestidos
Habituais, e os rapazes tragam flores
Em cartuchos de jornais do mês passado.
Que ser seja o final de parecer.
Só há um rei e este é o rei do sorvete.

Tire da cômoda de pinho,
Que já perdeu três puxadores de vidro, aquele lençol
Que ela bordou um dia com caudas de pavão
E estenda-o de modo a lhe cobrir o rosto.
Se um pé unhudo sair para fora, é
Para mostrar como ela está fria, como está muda.
Que a lâmpada afixe o seu filete.
Só há um rei e este é o rei do sorvete.

Goethe

Pensamentos noturnos

Tão belas na rútila luz soberana,
Guias do navegante aflito, sem norte
(E sem recompensa, divina ou humana),
— Tenho dó de vocês, estrelas sem sorte,
Sem jamais amar e sem saber do amor!
Tangendo, incansáveis, as horas eternas
Na ronda do tempo das vastas esferas,
Vocês vão cumprindo percursos sem conta.
Mas eu, se nos braços dela permaneço,
Da noite que passa — e de vocês — me esqueço.

Heine

Canção — 1

Riem-se as estrelas
Dos corações partidos,
Riem-se entre elas
Dos jovens sofridos:

"Amor é o que pedem
Os pobres mortais,
Mas o que recebem
São ohs e uis e ais!

Nunca provaremos
(Nem mesmo de leve)
Emoção tão breve:
Assim, não morremos".

Heine

Canção — 2

Quando mergulho os olhos nos teus olhos,
    Vão-se o pesar e a dor:
E quando colo a boca em tua boca,
    Revivo em novo ardor,

No corpo em corpo, é como se do alto
    Me invadisse o teu charme;
Mas quando dizes, baixo: Eu te amo!,
    Amargo é o meu chorar-me.

Guillaume Apollinaire

Poema das nove portas
(Procurando obuses)

Você que precede a longa tropa que marcha a passo
Na noite clara...
Os testículos cheios, cheio o cérebro de ideias novas
O sargento intendente do arroz pão sal que lança a tarrafa no
        canal bordejado de tílias...
A alma refinada da mais Bonita me vem no cheiro
      súbito dos lilases que já se inclinam
      a desflorir nos jardins abandonados

      Pés de poeira poeirentos retornam das
      trincheiras brancas como os braços do Amor

Sonho ter você noite e dia nos meus braços
Respiro a sua alma com cheiro de lilás

Ó portas de seu corpo
Elas são nove e eu as abri todas
Ó portas de seu corpo
Elas são nove e todas elas se fecharam para mim

Na primeira porta
A Razão Clara está morta
Era, você se lembra, o primeiro dia em Nice
O seu olhar da esquerda como uma cobra desliza
Até o meu coração
E que se reabra de novo a porta do seu olhar da esquerda

Na segunda porta
Toda a minha força está morta
Era, você se lembra, numa hospedaria em Cagnes
O seu olho da direita palpitava como o meu coração
As suas pálpebras batiam como na brisa batem as flores
E que se reabra de novo a porta do seu olhar da direita

Na terceira porta
Ouça bater a aorta
E todas as minhas artérias inchadas pelo seu único amor
E que se reabra de novo a porta da sua orelha da esquerda

Na quarta porta
Todas as primaveras me escoltam
E a orelha atenta ouve do bosque formoso
Elevar-se a canção do amor e dos ninhos
Tão triste para os soldados que estão em guerra
E que se reabra de novo a porta da sua orelha da direita

Na quinta porta
Eu lhe trago a minha vida
Era, você se lembra, no trem que voltava de Grasse
E na sombra, bem perto e bem baixo
A sua boca me dizia
Palavras de danação tão perversas e tão ternas
Que eu me pergunto ó minha alma ferida
Como pude então ouvi-las sem morrer
Oh palavras tão doces tão fortes que só de pensar nelas parece que
[(as toco)

E que se abra de novo a porta de sua boca

Na sexta porta
A sua gestação de putrefação, ó Guerra, aborta
Eis todas as primaveras com suas flores
Eis as catedrais com seus incensos
Eis as suas axilas com seu cheiro divino
E as suas cartas perfumadas que eu respiro
Durante horas
E que se reabra de novo a porta da sua narina da esquerda

Na sétima porta
Oh perfumes do passado que a corrente de ar leva embora
Os eflúvios salinos davam aos seus lábios o gosto do mar
Cheiro marinho, cheiro de amor: sob as nossas janelas morria o mar
E o cheiro das laranjeiras envolvia você de Amor
Enquanto nos meus braços você se enovelava
Quieta e calma
E que se reabra de novo a porta da sua narina da direita

Na oitava porta
Dois anjos bochechudos velam as rosas trêmulas que suportam
O céu precioso do seu talhe elástico
E eis-me armado de um chicote de raios de luar
Os amores coroados de jacintos acorrem em tropa
E que se reabra de novo a porta de sua garupa

Da nona porta
É preciso que venha o próprio amor
Vida de minha vida
Eu me uno a você para a eternidade
E pelo amor perfeito e sem rancor
Chegaremos à paixão pura ou perversa
Como quisermos
Saber tudo ver tudo ouvir tudo
Renunciei-me a mim mesmo no segredo profundo do seu amor
Ó porta de sombra, ó porta de coral vivo
Entre as duas colunas perfeitas
E que se reabra de novo a porta que suas mãos sabem tão bem abrir

Charles Baudelaire

A giganta

Pois quando a Natureza, em seu capricho exato,
Gerava estranhos seres raros, dia a dia,
Uma giganta moça — eis do que eu gostaria,
Para viver-lhe aos pés com a volúpia de um gato.

Ver seu corpo florir com a flor de sua alma
E crescer livremente em seus terríveis jogos;
Ver se não teria no peito alguma oculta chama,
Com as chispas molhadas que mostra nos olhos.

Percorrer à vontade a realeza das formas,
Escalar a vertente dos joelhos enormes
E, quando os sóis do estio, à complacência alheios,

Estendem-na, cansada, ao longo da campina,
Dormir descontraído à sombra dos seus seios,
Como abrigo tranquilo ao pé de uma colina.

García Lorca

1910 (Intermezzo)

Aqueles olhos meus de mil e novecentos e dez
não viram enterrar os mortos,
nem a feira de cinzas daquele que chora pela madrugada,
nem o coração que treme acossado como um cavalo-marinho.

Aqueles olhos meus de mil e novecentos e dez
viram a parede branca onde as meninas mijavam,
o focinho do touro, o cogumelo venenoso
e uma lua incompreensível que iluminava pelos ermos
os pedaços de limão seco sob o duro negro das garrafas.

Aqueles olhos meus no pescoço da eguinha,
no peito transfixado de Santa Rosa adormecida,
nos telhados do amor, com gemidos e mãos frescas,
num jardim onde gatos comiam rãs.

Desvão onde o pó antigo congrega estátuas e musgos,
caixas que guardam o silêncio de caranguejos devorados
no lugar onde o sonho tropeça com a realidade.
Ali, os meus pequenos olhos.

Não me pergunte nada. Vi que as coisas
quando buscam seu curso encontram seu vazio.
Há uma dor de ocos pelo ar sem gente
e em meus olhos criaturas vestidas — sem nudez!

ESPARSOS
1972-2002

3 chips líricos

Femme, 1987
Um poema em esperanto, 1987
Flesh, 2002

FEMME
ELLE S'OUVRE
ELLE S'OFFRE
ELLE SOUFFRE

Um poema em esperanto

Eu amo você/ Você me ama/ Tal qual/ Etc.

FLESH
FLESH
FLESH
FLESH
FLESH
FLESH
FLESH

2 danças

GO GO GO GOL!, 1998

Mayá, 1996

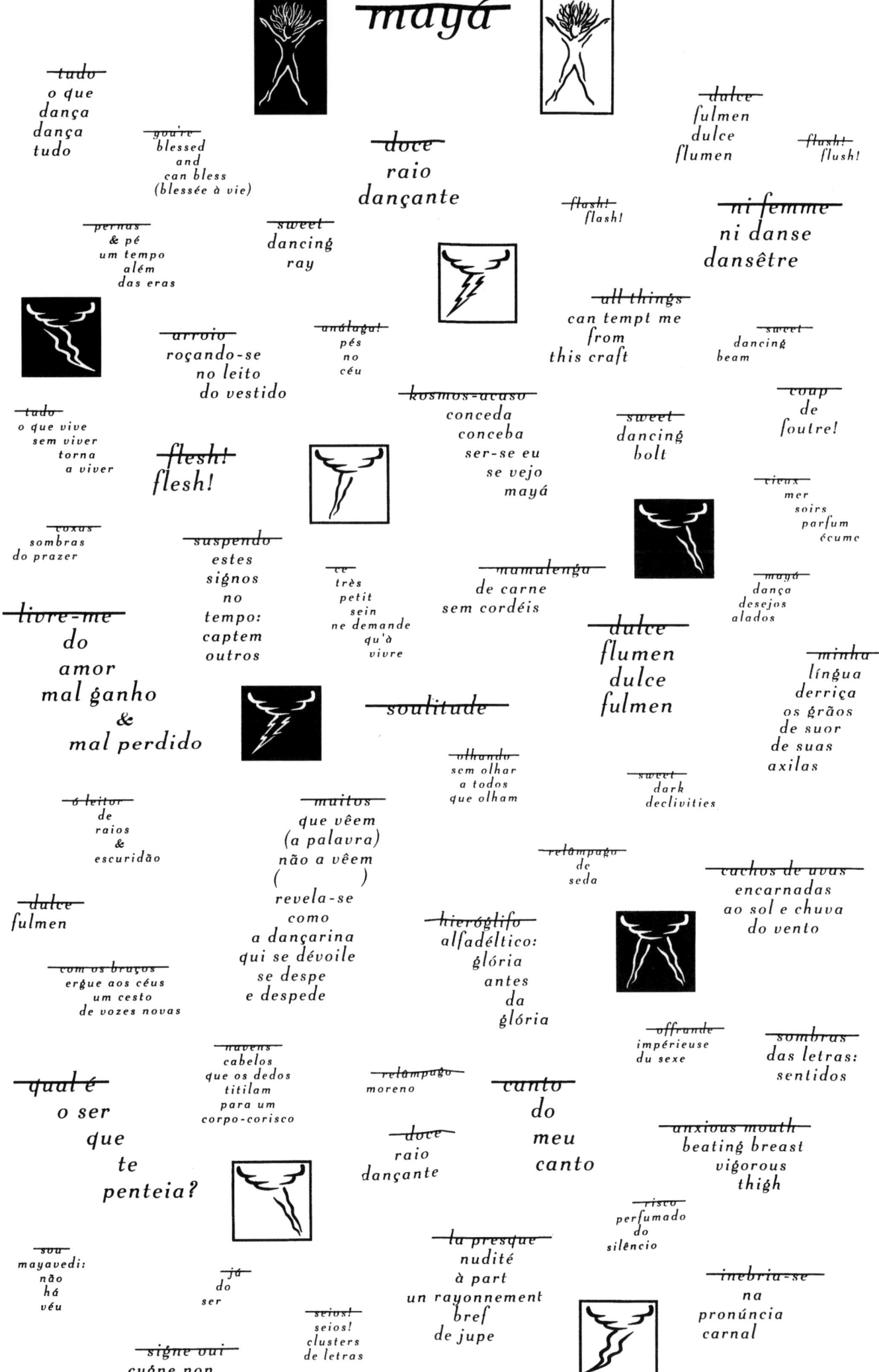

mayá

~~tudo~~
o que
dança
dança
tudo

~~you're~~
blessed
and
can bless
(blessée à vie)

~~doce~~
raio
dançante

~~dulce~~
fulmen
dulce
flumen

~~flash!~~
flash!

~~pernas~~
& pé
um tempo
além
das eras

~~sweet~~
dancing
ray

~~flash!~~
flash!

~~ni femme~~
ni danse
dansêtre

~~arroio~~
roçando-se
no leito
do vestido

~~análaga!~~
pés
no
céu

~~all things~~
can tempt me
from
this craft

~~sweet~~
dancing
beam

~~tudo~~
o que vive
sem viver
torna
a viver

~~flesh!~~
flesh!

~~kosmos=acaso~~
conceda
conceba
ser-se eu
se vejo
mayá

~~sweet~~
dancing
bolt

~~coup~~
de
foutre!

~~cieux~~
mer
soirs
parfum
écume

~~coxas~~
sombras
do prazer

~~suspendo~~
estes
signos
no
tempo:
captem
outros

~~ce~~
très
petit
sein
ne demande
qu'à
vivre

~~mamulenga~~
de carne
sem cordéis

~~mayá~~
dança
desejos
alados

~~livre-me~~
do
amor
mal ganho
&
mal perdido

~~dulce~~
flumen
dulce
fulmen

~~minha~~
língua
derriça
os grãos
de suor
de suas
axilas

~~soulitude~~

~~olhando~~
sem olhar
a todos
que olham

~~sweet~~
dark
declivities

~~o leitor~~
de
raios
&
escuridão

~~muitos~~
que vêem
(a palavra)
não a vêem
(   )
revela-se
como
a dançarina
qui se dévoile
se despe
e despede

~~relâmpago~~
de
seda

~~cachos de uvas~~
encarnadas
ao sol e chuva
do vento

~~dulce~~
fulmen

~~hieróglifo~~
alfadéltico:
glória
antes
da
glória

~~com os braços~~
ergue aos céus
um cesto
de vozes novas

~~offrande~~
impérieuse
du sexe

~~sombras~~
das letras:
sentidos

~~nuvens~~
cabelos
que os dedos
titilam
para um
corpo-corisco

~~relâmpago~~
moreno

~~canto~~
do
meu
canto

~~qual é~~
o ser
que
te
penteia?

~~doce~~
raio
dançante

~~anxious mouth~~
beating breast
vigorous
thigh

~~risco~~
perfumado
do
silêncio

~~sou~~
mayavedi:
não
há
véu

~~já~~
do
ser

~~la presque~~
nudité
à part
un rayonnement
bref
de jupe

~~inebria-se~~
na
pronúncia
carnal

~~seios!~~
seios!
clusters
de letras

~~signe oui~~
cygne non

~~suspenda a minha angústia de eu ser vivo sem saber o que é a vida~~

2 traduções

William Shakespeare: **Soneto 29**
Charles d'Orléans: **O tempo despiu o seu manto**

William Shakespeare

Soneto 29

Quando as pessoas e a sorte me olham torto,
Só e sozinho, choro como um pária,
E clamo em vão ao céu de ouvido morto,
E me maldigo a sina solitária.
Sentindo inveja de um alguém mais rico
Em amizades, esperança e rosto;
Deste, a ambição; de outro, o talento, fico
Com menos gosto pelo que mais gosto.
Resvalo contra mim na minha estima,
Mas lembro de você... Então, agora,
Da terra cinza eu ergo o canto acima,
Tal como a ave que anuncia a aurora,
    Abrindo pelos céus todas as arcas
    — E desprezo o tesouro dos monarcas.

Charles d'Orléans

O tempo despiu o seu manto

O tempo despiu o seu manto
De chuva e de vento gelado:
Vestiu-se de ouro em brocado,
Fiado do sol claro e santo.

E diz todo bicho, em seu canto
E jargão, sem asas e alado:
O tempo despiu o seu manto.

O córrego, o regato e a fonte,
Em sua libré aristocrata,
De gotas de joias de prata,
Festejam as roupas do encanto:
O tempo despiu o seu manto.

Paraversos

Peirce Poem

caos
passado infinito

qq coisa
um nada nunca
(im)previsível

lei & norma
do livre ao livro

por acaso o hábito
por acaso o não hábito
no caso das cabeças

matéria = mente
amor/tecida pelo hábito

hábito criou tempo
que é tempo

têmpera (ir)regular
de sentimentos interativos

a mutação
se esconde
na repetição

multidão sem relação
caos

sentimentos ignorantes
off the record

sem mais no caos
poeiras de sentimentos

diferenciação

que é sentimento
toda & qq coisa
flagrada na mente
em qq tempo

what came first
please ask me

este arco-presente
entre infinitos

pragma
o que há

houve um caos
haverá outros

acidente no caos
algo ocorreu
num ondequando
sem ocorrências

não há quantidade zero
zero vazio do vaso

sem mais despontaram
2 pós parecidos

englutidos no zero
o (a)caso os refez

um caso negou o acaso
2 pós + 2 pós

tudo então
virou pós-

de uma forma outra forma
norma

não há tempo
sem forma

espaço
sempresente
do tempo

tal tempo
não é para sempre

brechas lacunas
desvios

se não há
está havendo
um rumo

outros tempos
são tempossíveis

por outras vias
não lácteas

aquém & além
e hoje também

Para Issa

pouca gente

folha pouca

indo aqui ali

Para Stockinger

você me deu
uma deusa
horrenda

bronze e brancos

uma tirésias
que mira
com o corpo

coisa feita
de buracos
e futuro

Para Ita Rina: um fotograma

&

o
pega-rapaz
na testa
inter-roga:

&

ao beijo
de través
no pescoço
estrangulamento
com lábios
intra-olham-se
pálpebras-penumbras
riscos-sobrancelhas
cílios-caprichos
(ôncavos) (onvexos)

&

uma outra carne
(sombra feliz)
sopra o rosto:
pupilas
nas narinas

&

quase-entristecentes;
ciciam dentes
nos lábios
que beijam
o
ar

&

o que eclora
abaixo:
esquecimento
do ver-se:
silêncio carnal
que se fecha
e
concentra
para abrir-se

&

sonhar
realidades?

Para Safo

de bruços
o vento
se rala
no milharal
do plátano
ao quarto
minguante

tão só

Paracores

Sorte Homem, 1972

Vocogramas, 1985

Colombo, 1988

Espaztempo/Speacetime, 1990

Logochicomendes, 1992

Camélias, 1992

Solviete para o verão de Maiakóvski, 1983

Urbeing, 1994

Ideros — Stèle pour vivre nº 6, 1996

Poema sonhado, 1998

Mais dentro, 2001

Vocogramas

A

ME

RI

CA

LA

TI

NA

LI

BER

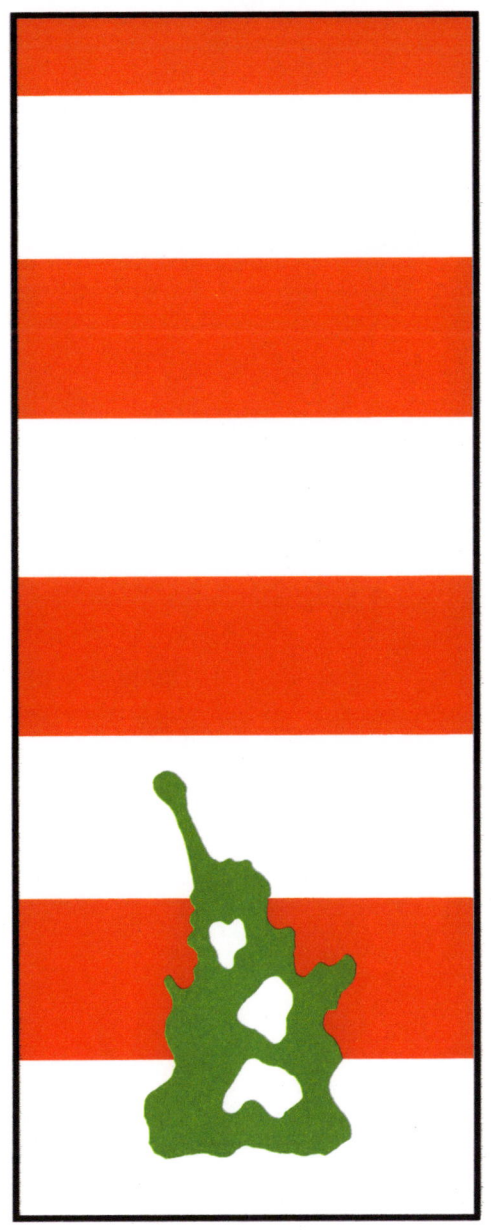

TAD

COLOMBO

FECHA A PORTA DOS TEUS MALES!

Espaztempo/Speacetime

Logochicomendes

MUITOSOLHARAMCAMÉLIAS

FLUTUANTES
ROSASEBRANCAS
GAMELADECRISTAL
PERFUMETIMBRE
DELUZEFLAUTA

AGORA É NOSSA VER

Solviete para o verão de Maiakóvski

Em russo: CBET = SVIET = LUZ, BRILHO
COBET = SOVIET = SOVIETE

Ideros — Stèle pour vivre nº 6

Poema sonhado

POEMA DEVOLVA AS TARDES DOURADAS QUE VOCÊ ME LEVOU

Mais dentro

à sombra
in velamento
de suas asas
alarum tuarum
ego David
ego pyxis

oculto
na curva claridade
— **meias-luas** —
de um calipêssego
ego solanus

caninos de saliva
denteiam
o dentro das coxas
ego femen

mãos, unhas,
estrangulam
a cintura
ego zona

socos lentos
na barriga
sussurrante
ego venter

ondula
a pele dúnica
treme
o furo vedado
ego omphalos

canta e suga
a boca
o coração mamilo
ego papilla

squeezing teats
densare senos
ego gremi

erguem-se braços
jáculos de cabelos
costas-rochas abaixo
destampam-se
axilas
ego coma
ego odor

lábios borrados
comidos a língua
ego buca

cara!
vista-a-vista
amordo-lhe a vida
ego nobis

ADENDA

Noosfera, 1973
Oswald psicografado por Signatari, 1981
Psicografando Oswald de Andrade, 1982

NOOSFERA

chanutes   aders   wrights   demoiselles   voi

sins   blériots   fluindo   sedas   tensas   lib

élulas   ouro   onvionleta   no   pôr-de-ar   de

ocre   da   tarde   lá   em   baixo   sôbre   a   calota

megalopolitana   em   olho-de-peixe   sign(

ÕS DECOLANDO PLANANDO CIRCUNVÕLUINDO

SOBRE LOBÕS CALOS QUIASMAS BULBOS VENT

RÍCULOS TRÍGÕNOS PEDÚNCULOS FENDAS DE

ROLANDÕ E SYLVIUS SOB UM CÉU PARIETAL)

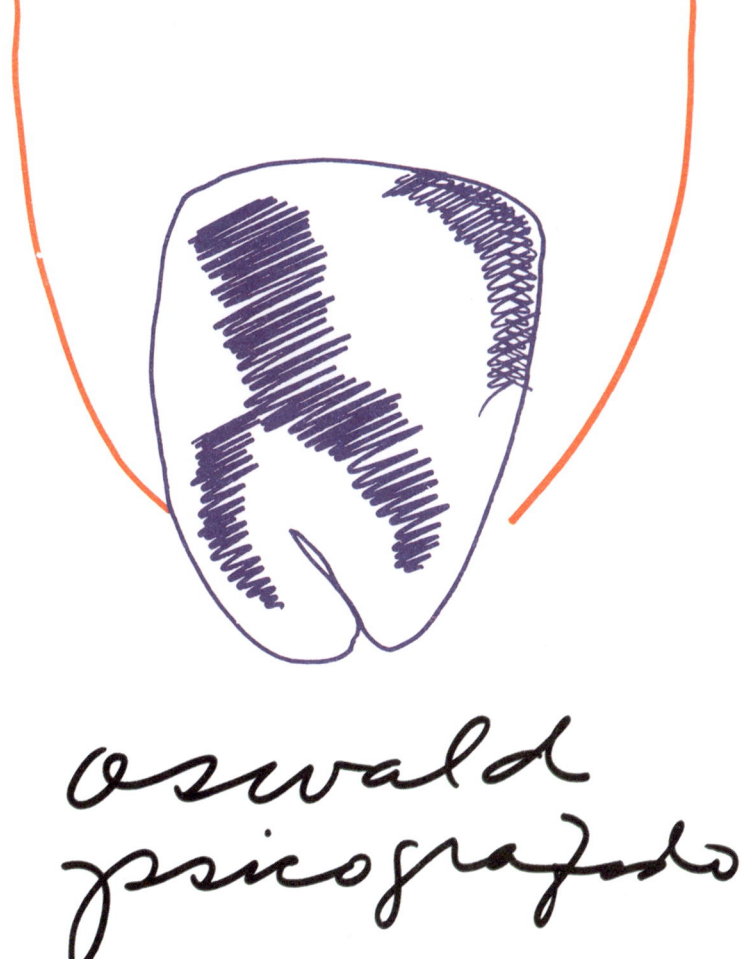

oswald
psicografado
por
segnatari

Você
que finalmente
recebe
o meu coração
de vanguarda
lembre-se
de qto sofri
num país en-
tão cretino.

O. de A.

Entre
as estrelas,
descobri
o carvão:
o pêncil
da criação
e do
coração!
O. de A.

Fusain
Fusée

G. de A.

Et vous contemplerez
contemplerez
Don Q. qui chargé !
(et décharge...)

Encontrei
com o
Maiá,
ontem:
—Os filhos
da puta,
além da
vida,
ainda nos
ficam
com a
o Sra!
                    O. de A.

                              J 81

Seurat, tristinho,
me mandou
um bilhete
para um
absinto de
lembranças:
–Devo
tudo à
carne
dela.
J. de A.

No Ágape
da Sincronia
Eterna,
o Mallà,
ouvindo Dante:

—Fantasma luminoso,
voltou a perfumar
a minha orelha,
dizendo:
" Vim dar uma espiada
no seu coração".

O. de A.

5/81

Oh,
Catulo!

Pertun-
diram-
me
o país
o coração
e o saco!

O. de A.

Num céu picego,
domo, lunar:
— Ó, Destino,
injusto justiceiro,
pq. satisfazes
a todos
incluindo
os meus inimigos?!

O. de A

5/81

sou
um rato
vivo
no azul
entre
nuvens

O. de A.

Vai ratinho mágico
não tem cola
não é preciso dar corda

É só passar o dedo úmido
sobre a pecinha de borracha

colocar assim
na parede
ele contorna
como se fosse
verdadeiro

não é preciso prática
nem tampouco
habilidade

10/5-81

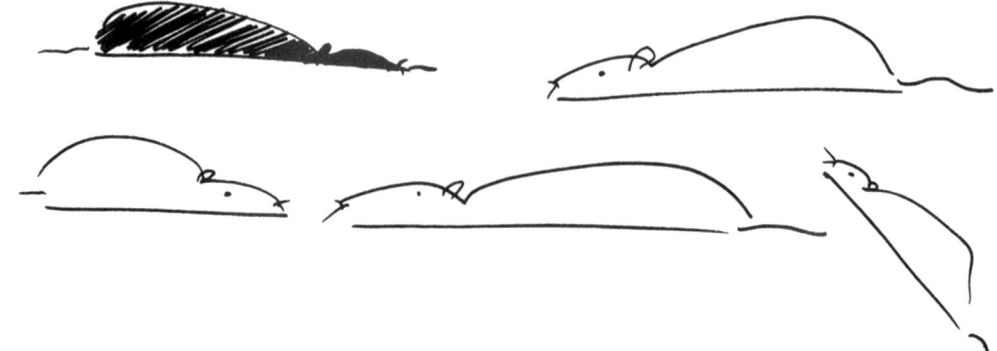

Meu nome diz:
nasci na selva
brasileira
(mas preferia ser
franco-alemão)
J. de A.

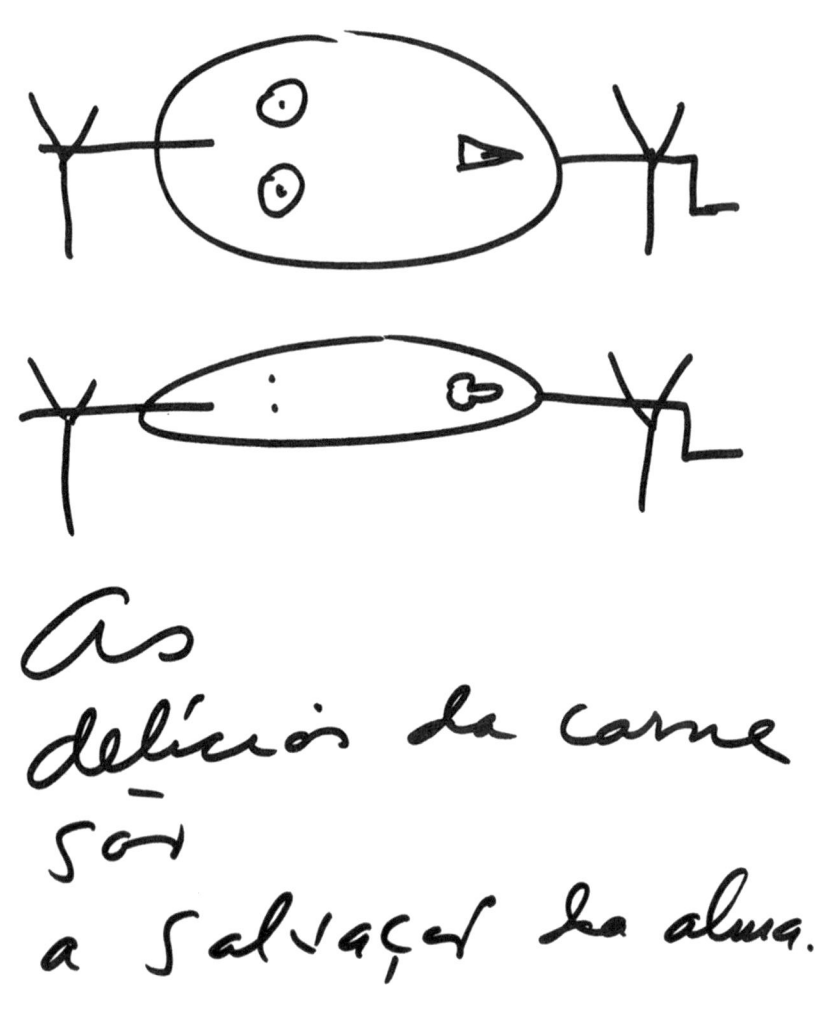

As
delícias da carne
são
a salvação da alma.

O. de G.

J-/81

Pau vs. Pau Brasil:
a vi de é uma de
sses duros; de
peor.

J. de A.

O capitalismo caput coputo odeia as idéias e os índios.

O. de A.

10-5 81

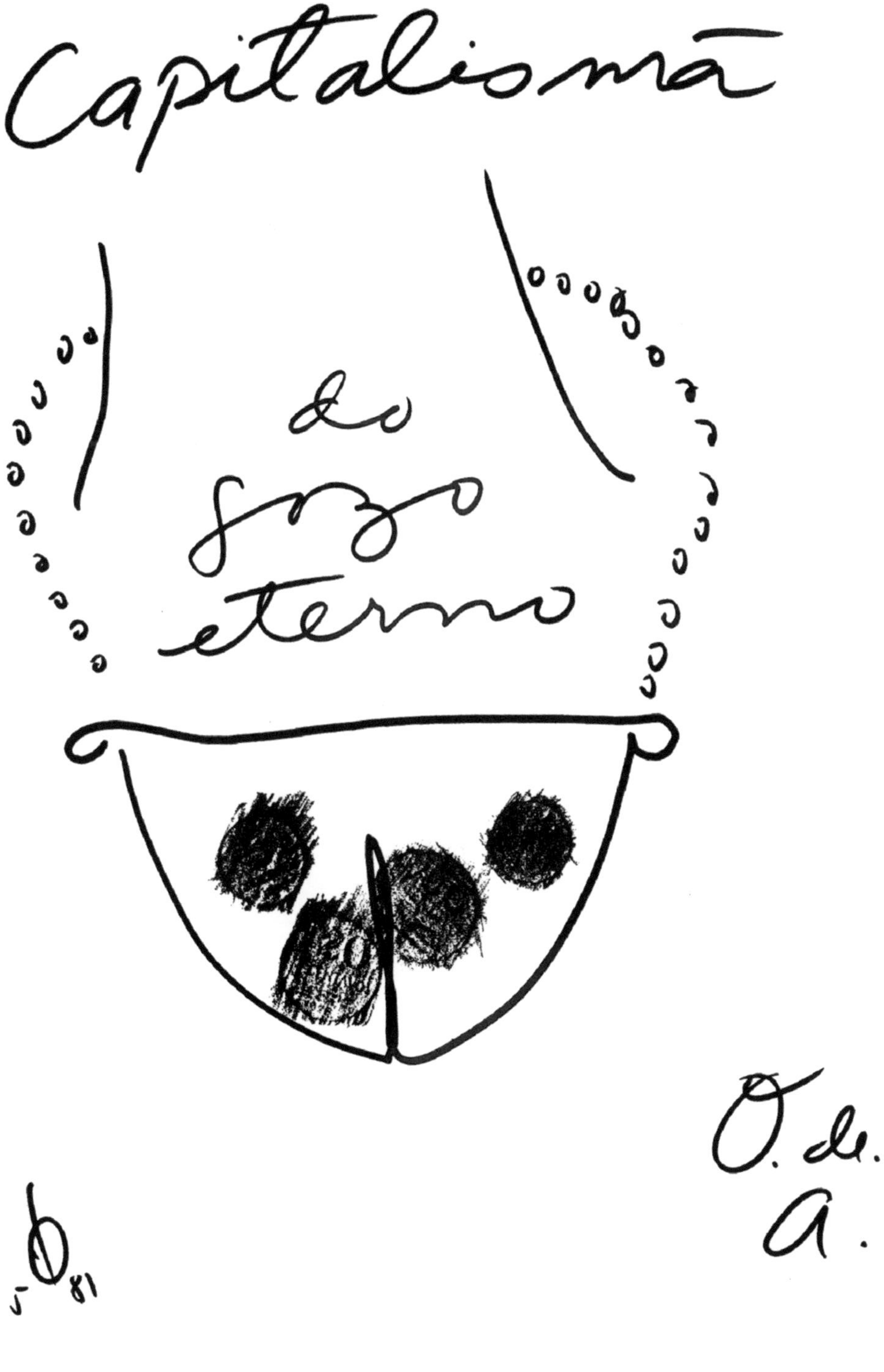
Capitalismo
do
sogro
eterno
O. de A.

Finalmen e amorri.

O. de A.

Psicografando Oswald de Andrade

O despistamento pelos meios

Realizei as pranchas do álbum *Oswald psicografado por Signatari* em maio do ano passado, em minha casa-atelier-estúdio de Valdevinos, à beira do rio Jaguari, no município de Morungaba, a uns 100 km de São Paulo. Foram três sessões diversas, em dias e semanas diferentes, totalizando umas quinze horas de trabalho... e de "febrilidade" ou "febricitância" decrescente.

Na última sessão, já estava operando quase a frio, no sentido de fechar o processo, ordenar o material, compatibilizar os meios empregados. Em meio a tudo, na solidão dos campos, vibrava a antena de televisão ao vento, graves frêmitos de cordas guturais no oco ressoante do teto e do forro. Eu tomava uma batida de coco. Os carvões (*fusains*), estalavam, partiam-se, voavam pelo atelier, junto com as folhas do bloco de layout, em revoadas sucessivas. Rolavam, da mesinha de trabalho para o assoalho, com potes e estojos, os pincéis atômicos.

E eu obrigava os meus demônios interiores a violentos exercícios de expressão corporal, à força de gritos, urros e bracejamentos pseudomarciais. O fim da primeira sessão, a mais longa e frenética, contemplei-me, surpresa muda, estendido no chão, arfante ressupino, flutuando em cruz num mar de ondas de papel, garatujas e grafitos, objetos como destroços de naufrágio, os olhos estáticos, fixos no *spotlight*.

Os porcos, no chiqueiro do caseiro, e os bugios, nas coroas das matas, pareciam trocar insultos rosnantes na noite. Mas, a que se destinaria um tal exorcismo catártico? Gostaria que se tratasse de um significado em busca de outro, de um homem em busca de um além-homem, um *übermensch* que, embora não sendo um glorióforo, um portador de glória, justificasse o já feito e incutisse novo alento a um inovador *por-fazer*.

O desenho e a pintura se inscrevem no universo do meu Segundo Código, juntamente com o design gráfico e outras veleidades audiovisuais. São inúmeras as vantagens dos segundos códigos. A primeira, e a mais importante, diz respeito ao poder e à liberdade: o segundo código pode exercer uma vigilante função crítica de sentinela metalinguística em relação ao Primeiro Código, ou Código Hegemônico (no meu caso, a palavra escrita), criando o necessário polo dialético ao nível da consciência da linguagem, de modo a impedir a excessiva hierarquização montada na tirania de um código único, causador de ignorâncias, incompreensões e insensibilidades em relação a outros sistemas de signos.

Outra vantagem propiciada pelo Segundo Código reside no fato de permitir-nos, com a liberdade, o prazer de criar (como se vê, e você já deve ter percebido, estou tratando da faneroscopia da criação). Os mitos medianos correntes sobre criação e criatividade fazem de tais atos e momentos epifanias prazerosas, horas, dias, semanas e meses (quando não anos) de vinho e rosas. A verdade, compreensivo leitor, é que o ato criativo, a nível de Código Primeiro, é um momento pungente, em relação ao qual o verdadeiro criador antes se afasta do que se achega. É aqui que a criação se encontra e defronta com a impotência. Quando se está com a cara na parede, como ir espelho adentro?

Numa situação-limite dessas, ou saturamos o código principal, indo além (é o que fazem os grandes criadores), ou recuamos taticamente e pedimos um helpezinho aos códigos segundos, numa manobra de despistamento, que, além de conceder-nos alguma trégua, pode ainda envolver-nos no cálido e colorido vapor do gozo maior sem esforço. É quando mais nos sentimos imersos nisto que se chama Vida. Transforma-se, assim, o Segundo Código, num veículo de prazer, semelhante àquele *hobby horse*, de *Tristram Shandy*, cujo autor, Sterne, depois de Rabelais, foi o primeiro a conseguir saturar o código e, ao mesmo tempo, extrair do texto o máximo de prazer e graça.

O retorno do oprimido

Assim, salvamo-nos dos rigores do inverno que nos traz o Código Primeiro, apelando para o Segundo Código, onde o princípio do prazer é de rigor, onde tudo está invertido, onde nos entregamos ao luxo do chamado prazer de criar, onde toda refeição é sobremesa, onde a inspiração é uma realidade palpável e palpitante, onde sempre é festa e domingo, onde nos sentimos amados pela nossa própria obra.

Se na irresponsabilidade do Primeiro Código nos sentimos esmagados pelo peso das respostas e responsabilidades, no universo do Segundo somos alegremente irresponsáveis. Um músico tende a ser implacável em relação a outros músicos, mas é complacente em relação aos pintores; se também pintar, terá momentos de suma felicidade. Ser feliz é estar na do outro. Mas, como se sabe, a vaidade extraterrena dos humanos não tem limites, e logo vemos multiplicarem-se os que, confundindo alhos com bugalhos, perdem a noção de *code switching* e se põem a embananar os códigos, as linguagens e os valores.

Com a noção perdida, vai-se a suave ironia da criação. Podem ir-se também os resguardos, os pudores e as cautelas, de tal sorte que pode o Código Primeiro ir-se no Segundo transformando. Ah, tempo! O espadarte de Hemingway se transforma na espinha da grande obra que o Destino carcome.

O Outro é signo

Essa constelação de códigos confluentes, meu Código Segundo, é o meu Duplo, o meu Outro, minha abertura para fora da loucura da arte, este resto que sobra de nossas dúvidas e paixões, no dizer de Henry James. Sem ele, eu não poderia VIVER, ou SER, ou VISSER. Desta vez, convocado, compareceu sob a forma de Oswald de Andrade. Não se psicografa gente, mas linguagem: nem por isso o mistério é menor. Psicografamos signos e somos psicografados constantemente. Haverá no além algum defunto autor, machadiano e bras-cúbico, que me esteja psicografando: se de espíritos se trata, por que haveríamos de conceber apenas uma *one-way psychography*?

Ah, a euforia irresponsável e libertária de se desenhar a carvão, pela primeira vez! Que sabedoria ancestral a da mão! Que magias metamórficas! Em dois minutos, um velho cavalete desmontável e portátil se transforma num Dom Quixote centaurado, um Dom Quixote Rocinante; mais dois, e o próprio bastão carbônico se desenha míssil estrelando-se num céu-púbis; ou na Madeleine Knobloch, a rechonchuda costureira que sustentou o tuberculoso Seurat; ou na cabeça de um índio sem capital. Paronomásias e paramorfismos: trocadilhos e aliterações verbais contra e a favor de trocadilhos e aliterações não verbais. Como pode o carvão ser o seu quase oposto cristalográfico (diamante), em brilho e dureza, e ser também a matéria-prima de onde viemos? Por que haveria o orgânico material plástico, que vem dos polímeros, ser mais artificial do que o meu fígado? Não importa.

Comerciar espiritualmente com o Além é comerciar espiritualmente com Alguém, e este alguém está no passado. Assim, ganham sentido — ao menos, para os ratos — a transcrição da fala de um camelô, anotada há décadas atrás, na praça do Patriarca, em São Paulo, a vender ratinhos de cartão pintado, que subiam pela parede da igreja de Santo Antônio, graças a um dispositivo de mola-carretel elástica; uma frase de Oswald, de seu *Diário confessional*, lido em mãos de Maria Antonieta d'Alkmin, sua última companheira, já viúva; e um pseudo-psicorretrato dele, inspirado num outro, que Edgard Braga fez e me deu de presente, com o título: "Oswald ri do inferno". Os signos sopram através dos signos, assim como a fala da personagem ressoa na máscara do ator. E mudando de código, os signos se divertem. Como eu fiz, ao me sentir entalado num *writer's block*, máscara de ferro, sufocando em minhas próprias barbas. O resto é com esse maravilhoso Erthos Albino de Souza, que editou na Bahia os mil exemplares do álbum.

Décio Pignatari

[Publicado originalmente na *Folha de S.Paulo*, 27.06.1982.]

NOTAS
ÍNDICE

notas do autor

POESIA POIS É POESIA (1950-1975)

1. horá v hori horiana [p. 68]
Transcrição fonética aproximada de refrão de oração popular ucraniana. Os HH são aspirados. Significando, ao que parece: montanha na montanha montanhesa.

2. e um cordeiro [p. 69]
A citação, entre aspas, é de Fialho de Almeida.

3. brinquedos de carbonato [p. 78]
Em Fontaines-de-Vaucluse, Provença (França), encontra-se o Museu Espeleo-lógico "Norbert Casteret", cuja coleção, única no mundo, ao que então se informava (1955), de concreções de carbonato de cálcio, formando bizarras miniaturas translúcidas do branco mais puro, é cuidadosamente conservada em vitrinas: a fragilidade desses extraordinários objetos não resistiria à simples pressão do hálito humano.

4. semi di zucca [p. 99]
Sementes de abóbora. Secas e salgadas, aqui como na Itália, comem-se.

5. créditos técnico-artísticos [pp. 125-227]
A quase fascinação dos poetas concretos pelos tipos da família *futura* — especialmente o *futura super-negro* — nos inícios do movimento, deveu-se à influência dos artistas concretos de São Paulo, com os quais mantiveram um trabalho de estreita colaboração que se estendeu por vários anos. Assinale-se a importância da contribuição de Hermelindo Fiaminghi na fase de *Noigandres* 4 (1956-1961, mais ou menos); a tipografia de **LIFE** [pp. 129-39] é de Maurício Nogueira Lima (1957). Para **organismo** [pp. 145-59], porém, preferi o tipo serifado: a realização é de Alexandre Wollner (1960). Os desenhos dos **poemas semióticos** [pp. 169-70] são os mesmos que realizei em 1964. A arte-final do poema-anúncio **disenfórmio** [p. 177] foi trabalho de Rubem Martins (1963), originalmente em azul e vermelho, com fusão violeta — além do preto para o texto — e assim veiculado pela primeira vez em revistas médicas, através da agência de publicidade que então possuía e que dirigiu até a data de sua morte, em 1969. Almir Bortolassi fez a arte-final da **cédula cristã** (1966) [p. 173]. A tipografia da série **Exercício findo** [p. 179] foi obra de Telma Weisz e Virgínia Quental; os desenhos da **Stèle 4** [pp. 181-97] e da primeira versão de **D. Quimorte** [p. 217] são de Femando Lemos; o da segunda versão [p. 218], de Roberto Campadello (1968). Arte-final da **Stèle 5** [p. 223]: Neili Ayoub, Elza Tsumori e Oswaldo Bisordi (1974). E foi Erthos Albino de Souza, na Bahia, quem providenciou o lettering para **Zenpriapolo** (1974) [p. 225, publicado na *Código* n. 2, 1975].

6. Para **Exercício findo** [p. 179], preparei um carimbo de provocação polêmica, principalmente endereçado a diluidores internacionais, e que apliquei a alguns exemplares (última folha). O texto: "À tous ceux/ dans tous coins et pays/ diluteurs/ de l'information originale/ mais qui font mine/ d'être les premiers,/ il faut dire:/ — Merde à vous,/ pourceaux contre-révolutionnaires!".

```
À TOUS CEUX
DANS TOUTS COINS ET PAYS
DILUTEURS
DE L'INFORMATION ORIGINALE
MAIS QUI FONT MINE
D'ETRE LES PREMIERS,
IL FAUT DIRE :
— MERDE À VOUS,
POURCEAUX CONTRE-RÉVOLUTIONNAIRES!
```

7. Ômphalos [sobre **Zenpriapolo**, p. 225]

Para quem chega a Delfos, vindo de Atenas por rodovia, o monte Parnaso abre suas asas de águia. Das encostas, rolam pedras. Uma caiu do bico de uma águia de Zeus, ao colidir com outra: em forma de colmeia, com relevos que parecem de abelhas, mas que são de fusos e fios — o texto têxtil. No lugar da queda, ergueu-se o templo de Apolo. Na trípode, inclinada sobre ela, aspirando emanações alucinógenas que vinham de recipiente pousado sobre a pedra, profetizava a pítia. O E deitado estava gravado a ouro sobre as colunas do vestíbulo do templo: as portas do céu. De um ideograma chinês, de igual estrutura, representando igualmente um templo, disse Pound: "O templo é sagrado, porque não está à venda". Para os gregos, ali estava o umbigo (= ômphalos) do mundo.

8. A (in)coerência tipográfica deste livro foi a possível: impôs-se a reutilização de material existente. Um e outro poema estão sob títulos de coletâneas que nunca os acobertaram: ali aparecem por afinidade de período ou linha. No índice, as datas de publicação e/ou composição.

9. **Estela, estrela(s)** [nota inserida na p. 163]

POETC. (1976-1986)

1. **[Lamentação rimada do poema]** [p. 231] Poema em mérito, bem antigo, de 1949.

2. **Brazil, my mother** [p. 233]: letra para jingle de Rogério Duprat e Damiano Cozzella. Foi feita para espetáculo multimeios [*Plug*], em 1970. [N. E.: O autor se equivocou, pois foi publicada na revista *Invenção* n. 5, São Paulo, 1967.]

3. **Alfabeto vertical** [pp. 234-5]. Uma criação de Franklin Horylka (falecido em 1975), a partir de meias ideias minhas. "A fome fez o homem falar" foi o primeiro texto que fiz para esse alfabeto silábico. "Comer/ beber/ transar/ eu amo vosser" foi poelema para uma casa de chá paulistana [Nastassika, de Lilla Pignatari] de rápida duração.

4. As três artes-finais de **Bibelô(?)** [p. 261], **0,1 espelho** [p. 236] e **Coloroboco** [p. 237] são de Sérgio Vicente Motta, a partir de layouts meus.

5. Os poemas-legenda [**Calendário Philips 1980**, pp. 238-49] foram para fotos de Cristiano Mascaro, reproduzidas em preto e branco por Roberto Bogo e Carlos Kipnis.

6. **De um verso de Iqbal** [p. 269]. Inspirado no verso "Come polvere mi cade il Volo dall'ali", tradução de Alessandro Bausani, do persa e do urdu: *Le poesie de Muhammed Iqbal (1873-1938)*, Parma: Ugo Guanda Editore, 1956, p. 102.

Notas adicionais:

a. O neologismo "obrir", de **abrir as portas** (p. 142), desapareceu na edição anterior deste livro (2004), sendo nesta reintroduzido.

b. **Poeminha poemeto poemeu poessseu poessua da flor** (p. 250) — primeira publicação na revista *Zero à esquerda* (São Paulo: Nomuque Edições, 1981).

c. As artes de **LIFE** (pp. 129-39), **Stèle pour vivre nº 3 — Estela cubana** (p. 161), **Disenfórmio** (p. 177), **Stèle pour vivre nº 5** (p. 223), **ideogramas verbais** (pp. 201-9), **Contribuição a um alfabeto duplo** (p. 213) e **Alfabeto vertical** (pp. 234-5) foram redesenhadas por André Vallias para esta edição.

notas desta edição

ESPARSOS (1972-2002)

1. **Femme** (p. 293) — Folhetim n. 537, *Folha de S.Paulo*, 10.04.1987; design: Claudio Ferlauto.

2. **Um poema em esperanto** (p. 294) — Folhetim n. 562, *Folha de S.Paulo*, 13.11.1987; design: Claudio Ferlauto.

3. **Flesh** (p. 295) — Poema publicado no *Correio Braziliense*, 19.02.2000 e na *Review — Latin American Literature and Arts* n. 64, Nova York: Americas Society, 2002.

4. **GO GO GO GOL!** (p. 299) — Caderno Mais!, *Folha de S.Paulo*, 12.06.1994; design: Chico Homem de Melo.

5. **Mayá** (p. 301) — Caderno Mais!, *Folha de S.Paulo*, 28.07.1996; design: Chico Homem de Melo; acompanhado do texto:

Notas para "Mayá":

O título, que deriva do apelido de uma garota que vi dançar numa festa, remete naturalmente a Mayá e ao véu de Mayá, da mitologia hinduísta — mais para negar do que afirmar a ideia de uma realidade material ilusória.

Daí declarar-me "myavedi" emprestando a essa variante do hinduísmo não apenas a crença de que o ser supremo não possui personalidade humana, mas também a de que tudo o que existe é manifestação desse ser (Brahma, no caso).

É também dessa dicotomia, material/espiritual, que deriva a metáfora daquela árvore chamada "baniã", que teria suas raízes no céu, em contraposição à árvore do mundo físico. Na minha leitura, a verdadeira metáfora-baniã reside na própria escrita do sânscrito que, icônica e, simbolicamente, lança suas raízes para o alto. Daí a sua transposição para o poema.

Espalhadas pelo poema, há algumas citações, alusões, menções de quatro poetas que abordaram a dança: Mallarmé ("Crayoné au Théâtre"), Valéry ("Degas Danse Dessin"), Yeats e Pound (poemas sobre dançarinas).

Em troca, são de minha autoria várias expressões em outras línguas ("flash/flesh/flush", "dansêtre", "dulce fulmen dulce flumen" etc.)

Em suma, um hino dançado.

6. William Shakespeare — **Soneto 29** (p. 305) — Revista *Carioca*, 1998.

7. **Peirce Poem** (p. 309) — Feito para o evento músicopoético/CD *Temperamental: Ópera interativa* — Livio Tragtenberg, Décio Pignatari, Wilson Sukorski, 1993.

8. Para Issa (pp. 312-3) — *Suplemento Literário de Minas Gerais* n. 11, mar. 1996; design: Guilherme Mansur.

9. Para Stockinger (p. 315) — *Suplemento Literário de Minas Gerais* n. 21, jan. 1997; escultura de Francisco Stockinger (1919-2009), sem título e sem data; foto estilizada por Guilherme Mansur.

10. Para Ita Rina (p. 316) — Caderno Mais!, *Folha de S.Paulo*, 28.12.1997; com a seguinte nota: "Ita Rina e Olaf Fjord, em *Erotik*, 1928, de Gustav Machaty, o diretor tcheco de *Êxtase*, 1933: fama e celebridade para ele e Hedy Lamarr".

11. Para Safo (p. 318) — *Suplemento Literário de Minas Gerais* n. 34, fev. 1998; com variação de design (por Guilherme Mansur) e texto:

Para Safo

de bruços
o vento
farfalha
no milharal
do plátano
da lua
minguante

tão só

Décio Pignatari

Fevereiro 98 **Suplemento** 11

12. Sorte Homem (p. 321) — Ideograma Chen — Homem sob Fortuna (Ezra Pound, *Cantos* LXXXVI e XVI) — SP, 1972.

13. Vocogramas (pp. 324-35) — Edição Código/ Erthos Albino de Souza, Salvador (BA), 1985; layout e arte-final: Emanuel de Melo Pimenta; tiragem: mil exemplares; com a seguinte nota: "Este poema concorreu ao prêmio literário instituído pela revista *Plural*, do México, correspondente a 1983, não tendo sido contemplado./ Agradecimentos especiais: Prof. Dr. Luis Carlos Cagliari, Fonética Acústica — Unicamp (SP)".

14. **Colombo** (p. 337) — *Atlas: Almanak 88*, São Paulo, 1988; design: Zaba Moreau, Arnaldo Antunes e Sergio Papi.

15. **Espaztempo/Speacetime** (p. 339) — Holograma produzido por Moysés Baumstein; exposição *Triluz*, Museu da Imagem e do Som, São Paulo, 1986-7.

16. **Logochicomendes** (p. 341) — Revista *Artéria* n. 5, São Paulo, 1992; design: Richieri Pazzetti.

17. **Camélias** (p. 343) — Edição do Archivio di Nuova Scrittura, Milão (IT), 1992; design: Chico Homem de Melo; arte redesenhada por André Vallias com apro-vação do designer.

18. **Solviete para o verão de Maiakóvski** (p. 345) — Folhetim n. 322, *Folha de S.Paulo*, 20.03.1983; desenho a guache do autor; a imagem publicada na edição anterior deste livro foi a de uma adaptação realizada por Omar Khouri para impres-são serigráfica do poema na revista *Artéria* 6 (Quadradão), em 1992, a partir do desenho original com que Décio o presenteou; foto: Filipe Berndt, 2024.

19. **Urbeing** (p. 347) — Revista *Caramelo*, FAU-Universidade de São Paulo, 1994.

20. **Ideros — Stèle pour vivre nº 6** (p. 349) — Exposição *Desexp(l)os(ign)ição*, Casa das Rosas, São Paulo, 1996.

21. **Poema sonhado** (p. 351) — 1998; design: Chico Homem de Melo.

22. **Mais dentro** (p. 353) — Caderno Mais!, *Folha de S.Paulo*, 09.09.2001.

ADENDA

1. **Noosfera** [p. 359] — Primeira publicação no *Suplemento Literário de Minas Gerais* v. 8, n. 372, 13.10.1973; depois nas revistas *Polem*, 1974, e *Qorpo Estranho* n. 1, 1976, com layouts desaprovados pelo autor. Foi posteriormente arte-fina-lizada por Omar Khouri, para compor a capa de sua antologia *Não muito mas muito da poesia segundo o século XX* (3ª ed., São Paulo: Nomuque Edições, 1984), no formato definitivo com que entrou no livro *O rosto da memória* (1986).

2. **Oswald psicografado por Signatari** [pp. 363-80] — Revista *Código* n. 6, Salvador (BA), 1981.

Foto: Décio Pignatari na exposição **30 anos da Semana Nacional de Poesia de Vanguarda**; coordenação geral: Eleonora Santa Rosa, Secretaria Municipal de Cultura | PBH, Belo Horizonte, 1993, por Patrícia Azevedo.

ra terra ter
rat erra ter
rate rra ter
rater ra ter
raterr a ter
raterra terr
araterra ter
raraterra te
rraraterra t
erraraterra
terraraterra

sobre dp

Décio Pignatari foi poeta, prosador, ensaísta, tradutor, designer e drama-
turgo, além de atuar em outras áreas culturais. Nasceu em 20 de agosto de 1927,
em Jundiaí (SP), de uma família de origem italiana — o pai, calabrês de Ciró; a
mãe, toscana de Lucca. Em 1929, mudaram-se para Osasco, então subúrbio de
São Paulo, onde Décio passaria os próximos 25 anos de sua vida, dividindo o
tempo livre entre leituras, sessões de cinema, teatro amador e o futebol de várzea
que praticou até a idade adulta. Lá, conheceu Lilla Maxemiuc, de origem ucra-
niana, com quem se casaria em 1954 e teria três filhos.

Frequentou o ginasial e o ensino médio no Colégio Mackenzie, em São Paulo.
Optou pelo curso científico pensando em fazer Medicina, mas acabou na Facul-
dade de Direito do Largo de São Francisco (USP).

Começou a escrever poesia e pro sa no início dos anos 1940. Teve seu primeiro
poema publicado na coluna de Sérgio Milliet, n'*O Estado de S. Paulo*, em 16 de
junho de 1948: "O lobisomem". Os versos chamariam a atenção do então estudan-
te secundarista Augusto de Campos, que procurou o poeta para convidá-lo a par-
ticipar da *Revista de Novíssimos* (1949) e o apresentou a seu irmão Haroldo de
Campos. Formava-se assim a "rosa d'amigos" que iria participar do Clube de Poe-
sia até 1951, e formar, em 1952, o grupo Noigandres, crucial na reabilitação lite-
rária de Oswald de Andrade e articulador da revolução poética que deflagraria o
movimento internacional da poesia concreta a partir de 1956.

Em maio de 1954, recém-formado e casado, Décio partiu com Lilla para a
Europa, onde permaneceria por dois anos. Em Paris, frequentou o círculo do
compositor Pierre Boulez, conheceu John Cage e outros criadores da música de
vanguarda. Em visita à Faculdade de Design de Ulm, Alemanha, em 1955, travou
contato com o poeta suíço-boliviano Eugen Gomringer, que realizava experimentos
poéticos (por ele denominados "constelações") muito afins daqueles do grupo
Noigandres. Da correspondência com os poetas paulistas sedimentou-se a ideia
de chamarem de concreta a poesia que estavam fazendo, termo proposto por
Augusto de Campos e aceito por Gomringer em carta de agosto de 1956.

No final de sua estada europeia, Décio visitou o poeta João Cabral de Melo
Neto, então cônsul brasileiro em Sevilha (Espanha), que o aconselhou a trabalhar
com publicidade, o que Décio faria até início dos anos 1970. Criou nomes, marcas,
anúncios, projetos gráficos, capas de livros e discos, atuando em agências nacio-
nais e multinacionais, e chegou a ser proprietário de duas. Em 1963 foi co-funda-
dor da Associação Brasileira de Desenho Industrial (ABDI). Mais tarde, largou a
publicidade para se dedicar em tempo integral à vida acadêmica.

Introdutor no Brasil da semiótica peirciana, participou, a convite de Roman
Jakobson, da fundação da Associação Internacional de Semiótica, em Paris, em
1969, sendo eleito um dos cinco vice-presidentes da instituição, cargo que exerce-
ria até 1984. Doutorou-se em Letras pela Faculdade de Filosofia, Letras e Ciências

Humanas (USP), em 1973, com a tese *Semiótica e literatura: O signo verbal sob a influência do signo não verbal*. Em 1975 foi cofundador da Associação Brasileira de Semiótica (ABS), da qual seria vice-presidente até 1982. Tornou-se livre-docente pela Faculdade de Arquitetura e Urbanismo da USP, em 1979, com a tese *Semiótica da arte e da arquitetura*.

Professor de grande verve e carisma, ensinou teoria da informação na Escola de Jornalismo da Universidade de Brasília (UnB), em 1965, e na Escola Superior de Desenho Industrial (ESDI), Rio de Janeiro, de 1967 a 1975; literatura brasileira na Faculdade de Filosofia, Ciências e Letras de Marília (FAFI, atual Unesp), de 1967 a 1969; comunicação e semiótica no curso de pós-graduação em teoria da literatura (depois comunicação e semiótica), na PUC-SP, de 1972 a 1994, e na Faculdade de Arquitetura e Urbanismo (USP), de 1974 a 1994; teoria da comunicação no Programa de Pós-Graduação em Comunicação e Linguagens da Universidade Tuiuti do Paraná (Curitiba), de 1999 a 2009.

Na esfera pública, foi voluntário do Batalhão Tiradentes, um dos muitos criados em 1961 para garantir a posse de João Goulart; foi consultor técnico do Movimento Brasileiro de Alfabetização (Mobral), de 1973 a 1975, sendo responsável pela implantação e elaboração de dois roteiros de pesquisa e pela elaboração da nova marca; e foi diretor do Centro de Pesquisas sobre Arte Brasileira Contemporânea do Departamento de Documentação e Informação Artísticas (Idart), na Secretaria Municipal de Cultura de São Paulo, de 1975 a 1977.

Como jornalista, além de publicar nas revistas que coeditou — *Noigandres* (1952-62) e *Invenção* (1962-7) e em diversos outros veículos da imprensa, atuou no suplemento "Letras e Artes" do *Jornal de S.Paulo*, em 1950; foi repórter e redator da *Agência Nacional*, em 1951; na *Folha de S.Paulo*, escreveu crônicas futebolísticas em 1965, publicadas em *Contracomunicação* (1971) e *Terceiro tempo* (2014); colaborou no *Jornal da Tarde*, com uma coluna semanal pioneira na crítica de TV, de 1978 a 1980, reunida em *Signagem da TV* (1984); e na *Folha de S. Paulo*, com crônicas políticas, de 1983 a 1987, publicadas em *Podbre Brasil!* (1988). Atuou também como telejornalista do *Nosso Jornal* (TV Gazeta) de 1986 a 1987.

Participou de alguns dos primeiros *happenings* no Brasil, como aquele realizado com os compositores Sandino Hohagen, Rogério Duprat e Damiano Cozzella, em 9 de maio de 1966, no João Sebastião Bar, templo paulistano da bossa nova; e em 30 de outubro do mesmo ano, no Theatro Municipal de São Paulo, durante a execução de *Stratégie*, peça musical para duas orquestras e dois maestros, do compositor franco-grego Iannis Xenakis, quando entoou com Duprat e Willy Corrêa de Oliveira a canção cômica "Juanita Banana", grande sucesso do grupo dos Estados Unidos The Peels. Em agosto de 1966, criou com Duprat e Cozzella, o M.A.R.D.A. (Movimento de Arregimentação Radical da Arte), para realizar intervenções "antiarte" em prol de monumentos da cidade ditos de mau gosto. Em 1970, apresentou, no Teatro Ruth Escobar, o espetáculo multimídia *Plug*, concebido com Duprat, em que entrou em cena e exibiu a "audiofotonovela" *Desatinos do Destino*, feita também com Duprat e Cozzella. Em 1993, realizou com Livio Tragtenberg e Wilson Sukorski o evento músicopoético *Temperamental — Ópera interativa*, gravada em CD, e atuou no espetáculo multimídia *OUVER*, dirigido por

Walter Silveira. Colaborou nos espetáculos de dança *12 poemas para dançarmos* (2000), de Gisela Moreau, e *Profetas em movimento* (2006), de Soraia Maria Silva. No campo do cinema, deixou filmes inacabados, rodados em 16 mm entre 1961 e 1962 pela produtora que fundou com o amigo José Nania — Estrela Vermelha Productions —, como *Ruínas para o futuro*, sobre a greve dos vidreiros de Osasco em 1910, cujo roteiro entusiasmou Paulo Emílio Sales Gomes. Escreveu os roteiros de: *Dez jingles para Oswald de Andrade* (1972), de Rolf de Luna Fonseca; *O universo de José Mojica Marins* (1978) e *A marca do terrir* (2005), de Ivan Cardoso; *Nasce a República* (1989), de Roberto Moreira; *Anos 30: Entre duas guerras, entre duas artes* (1989), que ele também dirigiu.

No teatro, engajou-se jovem, ao fundar em 1953, com amigos do time de futebol, em Osasco, o Teatro de Cartilha, que encenou *O homem de flor na boca*, de Pirandello; *A culpa de ser homem*, de Wolfgang Altendorf, e anunciou para o ano seguinte *O rei da vela*, de Oswald de Andrade. Em 1986, publicou a peça "Aquelarre", na coletânea de prosa *O rosto da memória*. Em 1987, após uma temporada em Kyoto, Japão, escreveu o libreto da ópera *Issa*, deixada inacabada pelo compositor Gilberto Mendes. No período em que residiu em Curitiba (1999-2009), escreveria mais duas peças: *Céu de lona* (2003), sobre o casal Carolina e Machado de Assis, e *Viagem magnética*, em torno da escritora, pensadora e educadora feminista Nísia Floresta, concluída em 2007 e publicada postumamente em 2014.

Como tradutor, deixou contribuição valiosa — recriando em português mais de cinquenta autores — a par de reflexões teóricas originais, em que introduziu dois neologismos: "outradução" e "contradução".

Na década de 1980, montou o sítio Valdevinos em Morungaba (SP), às margens do rio Jaguari, onde almejava, "após ter feito meia revolução na poesia", fazer outra na prosa: "no País da Geleia Geral, quem já conseguiu fazer uma inteira?". Escreveu os contos de *O rosto da memória* (1986) e o romance autobiográfico *Panteros* (1992). O ambicioso romance *Obra em obras — Brasil*, anunciado em 1999, ficou irrealizado.

A convite do hológrafo Moysés Baumstein, Décio participou do grupo de artistas que reuniu também Augusto de Campos, Julio Plaza e Wagner Garcia, com obras que integraram as exposições *Triluz* (Museu da Imagem e do Som, 1986) e *Idehologia* (Museu de Arte Contemporânea da USP, 1987). Colaborou, em 1992, com o poema "Femme", no projeto de animações digitais realizado na estação Silicon Graphics do Laboratório de Sistemas Integráveis (LSI) da Escola Politécnica da Universidade de São Paulo (USP). Apesar do grande interesse nas novas tecnologias, nunca teve um computador pessoal, preferindo a velha máquina de escrever mecânica. Na pintura, que praticou na condição de "amador de vanguarda", valia-se da técnica milenar da têmpera, que aprendeu com os amigos Alfredo Volpi e Hermelindo Fiaminghi.

No final da vida, assim como Oswald de Andrade, fascinou-se pelos escritos de Søren Kierkegaard, cujo túmulo ele chegou a visitar em Copenhague. Faleceu em São Paulo, em 2 de dezembro de 2012, por insuficiência respiratória agravada pelo mal de Alzheimer. Foi sepultado no Cemitério do Morumbi.

Principais publicações

Poesia

O carrossel. São Paulo: Cadernos do Clube de Poesia, 1950.
Rumo a Nausicaa (em *Noigandres* 1. São Paulo: ed. dos autores, 1952).
Vértebra (em *Noigandres* 3. São Paulo: ed. dos autores, 1956).
Organismo. São Paulo: edição do autor, 1960.
Antologia (em *Noigandres* 5. São Paulo: ed. dos autores, 1962).
Exercício findo. São Paulo: Invenção, 1968.
Poesia pois é poesia (1950-1975). São Paulo: Duas Cidades, 1977.
Oswald psicografado por Signatari. Código n. 6, Salvador: 1981.
Vocogramas. Salvador: Edição Código, 1985.
Poesia pois é poesia (1950-1975)/Po&tc (1976-1986). São Paulo: Brasiliense, 1986.
Poesia pois é poesia (1950-2000). Cotia: Ateliê Editorial/ 2. ed. Campinas: Ed. da Unicamp, 2004.
Bili com limão verde na mão. São Paulo: Cosac Naify, 2009.

Tradução

Ezra Pound — Cantares (com Haroldo e Augusto de Campos). Rio de Janeiro: Serviço de Documentação-MEC, 1960.
Mallarmé (com Haroldo e Augusto de Campos). São Paulo: Perspectiva, 1978.
Ezra Pound poesia (com Haroldo e Augusto de Campos, José Lino Grünewald e Mario Faustino). São Paulo, Hucitec, 1983 e 1985.
Retrato do amor quando jovem: Dante, Shakespeare, Sheridan, Goethe. São Paulo: Companhia das Letras, 1990/ 2. ed. (de bolso). 1996.
31 poetas, 214 poemas. São Paulo: Companhia das Letras, 1996/ 2. ed. Campinas: Ed. da Unicamp, 2007.
Marina Tsvietáieva. Curitiba: Travessa dos Editores, 2005.

Prosa

O rosto da memória. São Paulo: Brasiliense, 1986.
Panteros. Rio de Janeiro: Ed. 34, 1992.
Errâncias. São Paulo: Ed. Senac, 2000.

Teatro

Céu de lona. Curitiba: Travessa dos Editores, 2003.
Viagem magnética. Cotia: Ateliê Editorial, 2014.

Teoria etc.

Teoria da poesia concreta: Textos críticos e manifestos (1950-1960) — com Haroldo e Augusto de Campos. São Paulo: Edições Invenção, 1965 / 2. ed. São Paulo: Duas Cidades, 1975.

Informação, linguagem, comunicação. São Paulo: Perspectiva, 1968.

Comunicação poética. São Paulo: Cortez e Moraes, 1977

O que é comunicação poética. São Paulo: Brasiliense, 1987.

Contracomunicação. São Paulo: Perspectiva, 1971.

Semiótica e literatura. São Paulo: Perspectiva, 1974 / *Semiótica & literatura: icônico e verbal, Oriente e Ocidente.* 2. ed. rev. e ampl., São Paulo: Cortez e Moraes, 1979/ *Semiótica & literatura.* 3. ed. rev. e ampl. São Paulo: Cultrix, 1987.

Semiótica da arte e da arquitetura. São Paulo: Cultrix, 1980.

Signagem da televisão. São Paulo: Brasiliense, 1984.

Podbre Brasil!: Crônicas políticas. Campinas: Pontes Editores, 1988.

Letras, artes, mídia. São Paulo: Globo, 1995.

Cultura pós-nacionalista. Rio de Janeiro: Imago, 1998.

Terceiro tempo. Cotia: Ateliê Editorial, 2014.

O site **deciopignatari.com** oferece uma rica amostragem da poesia, prosa, teatro e traduções de Décio Pignatari, incluindo vídeos, fotos, cronologia e gravações do poeta lendo poemas próprios ou traduzidos. Acesse-o pelo QR code:

Esta obra foi composta em Futura e impressa em ofsete
pela Lis Gráfica sobre papel Alta Alvura da Suzano S.A.
para a Editora Schwarcz em janeiro de 2025

FSC
www.fsc.org
MISTO
Papel | Apoiando
o manejo florestal
responsável
FSC® C112738

A marca FSC® é a garantia de que a madeira
utilizada na fabricação do papel deste livro
provém de florestas que foram gerenciadas de
maneira ambientalmente correta, socialmente
justa e economicamente viável, além de outras
fontes de origem controlada.